CW01162952

« Bien entendu... c'est *off* »

Daniel Carton

« Bien entendu... c'est *off* »

Ce que les journalistes politiques ne racontent jamais

Albin Michel

© Éditions Albin Michel S.A., 2003
22, rue Huyghens, 75014 Paris

www.albin-michel.fr

ISBN 2-226-13469-7

À ma mère († août 2002).

« La politique, c'est l'art d'empêcher les gens de se mêler de ce qui les regarde. »

Paul Valéry

Avant-propos

J'aimerais tant pouvoir m'en foutre ! Brûler une bonne fois pour toutes les journaux d'hier et d'avant-hier. Ne plus lire une ligne. Larguer cette foutue télé chez Emmaüs. Ne plus entendre. Ne plus regarder. Ne plus désespérer. Et ne plus songer qu'à mes petits bonheurs.

J'ai pourtant fait des efforts !

Redevenir un citoyen comme les autres. Ce ne devait pas être sorcier. Je me suis appliqué. D'abord une diète d'infos. Une vraie. Une radicale. Plus de journaux. Plus d'hebdos. Plus de radios. Plus de « 20 heures ». Plus de France Info dans la bagnole. Vivons heureux, vivons débranchés. Me lever avec Mozart, rouler avec Brel, relire les classiques. J'avais mon ordonnance, mais je n'ai pas tenu longtemps. Chaque jour à Paris, à la campagne, à l'étranger, il me faut ma dose de papier.

J'ai voulu aussi libérer mes étagères de tous les bouquins politiques. Des tonnes de bouquins expédiées par les services de presse de Paris, qui dans une carrière étalonnent votre notoriété ou plutôt votre utilité auprès des éditeurs de la place. L'important n'est pas de les lire mais de les recevoir. Car à peine feuilletés, beaucoup partiront alimenter les marchés d'occasions de Gibert Jeune ou autres pour

Bien entendu... c'est off

beurrer un peu les épinards des journalistes économes. Sauf évidemment ceux dédicacés par les politiques qui, eux, paraphés, porteront témoignage auprès de vos petits-enfants de votre splendeur passée... Un dimanche après-midi, ça m'a pris, j'ai voulu les descendre à la cave, les enfermer dans le noir en attendant de me prononcer définitivement sur leur sort. En les portant, je n'ai pu m'empêcher de penser que j'avais sur les bras des kilos de mensonges, de faux programmes et d'idées perdues, mais ça faisait quand même du poids. Je les ai mis dans des sacs poubelle. Et puis... Je n'ai pas pu me résoudre à les jeter, les brûler ou les revendre. Pourtant, je sais bien que la plupart ont été écrits par des « nègres ». Ces derniers temps, ces livres se vengent. Un par un, les voici qui remontent les étages. Je les reprends, les relis, m'y replonge. Curieux de revoir le nombre de fausses histoires que nous avons pu raconter, que nous avons pu avaler.

Je m'étais aussi promis de ne plus jamais aller voter. J'avais ma bonne excuse, ma bonne conscience. « Je les connais trop, je ne peux plus les croire. Ils ne changeront jamais. » J'entendais accomplir une grève illimitée de citoyenneté. Encore une résolution que je ne tiendrai pas. Parce que les raisons de ne pas voter ne sont jamais acceptables. Parce que l'on ne peut pas oublier que la démocratie est un privilège. Et parce que surtout vous ne pouvez implorer vos enfants de croire toujours et encore à des lendemains meilleurs et déserter sous leurs yeux le champ, même miné, du civisme élémentaire.

J'ai voulu aussi voyager pour oublier ce petit monde frappé de sclérose en plaques. Je suis parti à la découverte de l'Inde. À l'ambassade de New Delhi, ce n'étaient que complaintes sur le recul de la France et de sa langue dans le monde, le retard irrattrapable que notre pays accuse

Avant-propos

auprès de cette grande puissance que va devenir immanquablement cet État continent. Je pouvais aussi me réfugier dans mon presbytère de l'Aveyron à attendre les violettes du printemps ou la récolte des mûres de l'automne. Mais quand je suis là-bas, on ne cesse de me parler de la désertification, d'abandon. Des commerces qui s'en vont. De la jeunesse qui perd le moral. Des communes que l'on regroupe. Des clochers qu'on abat. De la vache qui est folle. Des moutons qui tremblent.

À New Delhi comme dans les contrées du Roquefort, à Paris, partout, la politique vous rattrape toujours.

« Si vous ne vous intéressez pas à la politique, la politique, elle, s'intéresse à vous », a écrit un jour l'un des plus honorables journalistes du Monde, *Pierre Viansson-Ponté.*

J'aimerais. J'aimerais. J'aimerais. Mais je n'y parviens pas. Le virus de la politique ne me lâche pas. Je suis contaminé et je n'y puis rien. Plus de quinze ans de ma vie à « faire » journaliste politique, le fleuron de la profession, disait-on ! Un petit monde si rempli d'aises et d'avantages qu'on le quitte rarement si l'on n'y est point contraint. Ou alors, pense-t-on dans ce petit monde-là, c'est que vous avez un problème personnel, que vous avez quelque chose à cacher, que vous plongez dans la dépression ou qu'on vous promet fortune ailleurs. Rien de tout cela ? C'est proprement incompréhensible. Quitter le microcosme est déjà considéré comme une traîtrise. Dire pourquoi on le quitte mérite souvent d'être livré au bûcher.

Le microcosme est un milieu avec les règles du grand milieu. Il ne supporte pas les lâcheurs. Il condamne sans appel les traîtres à ses petites causes et à ses vrais intérêts. Il bannit ceux qui persistent à vouloir en finir avec ses mœurs, ses convenances et ses errances. Il lapide ceux qui viennent dire « ce qu'on ne peut pas dire ».

Bien entendu... c'est off

Je croyais en la noblesse de la politique et, doux dingue que je suis, je veux, contre les vents de la démagogie et les marées des scandales, continuer d'y croire. Mais de cette noblesse, cette cour-là n'en a plus rien à faire, car il y a bien longtemps qu'elle-même n'y croit plus. Dans ce petit monde qui donne des leçons mais n'en tire jamais aucune, la politique n'est qu'un jeu de société aux dimensions de la France. Les hommes politiques — j'ai mis un certain temps aussi à le comprendre — n'en sont pas seuls responsables. Les journalistes politiques, qui se considèrent comme des intouchables — les derniers de France —, sont tout aussi coupables. Ce petit monde ne veut rien changer pour continuer à tromper son monde.

C'est cette culpabilité, cette comédie inhumaine que je n'ai plus supportée. Ça m'étouffait, me pourrissait la vie, tuait mes rêves. J'ai choisi de lui claquer la porte au nez puisque j'en avais la liberté. Si je ne suis pas un traître, je ne suis pas non plus un héros. Combien de confrères vus et revus depuis seraient tentés d'aller cultiver ailleurs leurs arpents secrets ! Combien d'entre eux sont fatigués de devoir œuvrer dans l'autocensure permanente, dans une semi-liberté conditionnée par les compromissions de ceux qui, dans cette profession, persistent à vouloir se poser en modèles ?

La presse est aujourd'hui en France moralement sinistrée, mais comme ils me disent tous : « Il faut bien bouffer. » Que leur répondre ? « J'ai longtemps cru, expliquait en début de campagne le brave François Bayrou, qu'on pouvait changer le système de l'intérieur. Je crois aujourd'hui que c'est impossible. » Comme je voudrais que nous puissions lui donner tort !

En refermant derrière moi la porte épaisse de ce petit théâtre doré, j'étais bien décidé à ne plus me retourner. À

Avant-propos

faire table rase de ce passé de journaliste qui fut pour moi un honneur avant de devenir trop lourd à porter. À quoi bon ? À quoi bon apporter une pierre à un édifice qui de toute manière finira un jour par s'écrouler de lui-même ? À quoi bon me faire mettre aux arrêts de l'aigreur puisque naturellement ce sera le mot ultime que l'on me renverra à la figure ? Mais il le fallait. Pourquoi ? À cause de tout ce que j'ai vécu, de tout ce que j'ai vu, et de cette règle du off *au nom de laquelle on cache aux Français le vrai visage de la vie politique. Donc je devais écrire cette étrange histoire.*

I

La manœuvre de Rocard

Ce ne devait être qu'une anecdote. Ce fut la goutte d'eau qui fit déborder un vase trop plein de compromissions, de tromperies et d'abandons. L'ironie de ma petite histoire a voulu que ce soit celui qui, durant des années, avait plaidé vigoureusement pour la défense du « parler vrai » en politique qui, par sa manœuvre, vienne me donner le signal du départ : Michel Rocard pour qui j'avais toujours eu estime et respect.

Nous sommes début juin 1997. Le dimanche, le second tour des élections législatives a confirmé la victoire de la gauche, résultat de la folle dissolution décrétée par Chirac. Dès le lundi matin, Jospin est reçu à l'Élysée, il hérite de la succession de Juppé à Matignon, les tractations sur la composition du nouveau gouvernement commencent. Elles ont en réalité débuté depuis quelques jours, la défaite de la droite ne faisant plus de doute. Claude Allègre m'a mis dans la confidence. Jospin voudra d'entrée de jeu marquer les esprits, affirmer sa volonté de changement, imposer une nouvelle pratique politique, on nage dans un océan de bonnes intentions.

Bien entendu... c'est off

Première mesure donc : aucun éléphant du PS dans cette nouvelle équipe. Jospin veut des ministres *new look*. Pas de Fabius, pas de Lang, pas de Rocard. C'est ferme et définitif. Fabius se fait tout de suite une raison. Lang multiplie les fax incendiaires et comminatoires. Sans lui, la République est en danger ! Ils terminent dans la poubelle de Jospin. Rocard décide lui de jouer plus finaud. Il connaît son Jospin mais il connaît encore mieux son Chirac. Ils ont dragué ensemble à Sciences-po et, malgré le combat politique, ils ont toujours su préserver entre eux une vraie complicité qui leur a rendu bien des services. Rocard décide d'en jouer encore une fois. Chirac va rester un moment groggy dans le coin du ring de cette nouvelle cohabitation, il va sans doute avoir besoin d'un bon petit gars dévoué qui lui agite sous le museau la serviette blanche pour retrouver un peu d'air. Il pense être tout désigné pour cet humble travail de remise en état, en même temps que pour jouer le discret médiateur entre ces deux nouvelles têtes de l'exécutif qui n'ont pas du tout le même cerveau.

Ça fait plusieurs mois que Rocard se rêve ministre des Affaires étrangères, poste tout à fait honorable, pense-t-il, pour un ancien Premier ministre. Il est actif à Bruxelles et à Strasbourg et a ses marques sur le terrain africain. Les chefs d'État qui comptent sur ce continent se méfient de Jospin mais considèrent Rocard comme leur « frère ». Omar Bongo, l'incontournable Président du Gabon, fait passer le message au « grand Jacques » : Rocard au Quai d'Orsay, ça rassurerait l'Afrique et ça le rassurerait lui, Chirac. Lequel n'en disconvient pas. Reste à

La manœuvre de Rocard

s'assurer que l'intéressé est bien partant pour ce poste et surtout à convaincre Jospin. Chirac invite Rocard à venir le voir dès le lundi matin, en lui conseillant de se faire le plus discret possible. L'un des « Monsieur Afrique » de la Présidence ira le chercher à son domicile ; son correspondant chez Rocard lui servira de guide ; les trois devront passer par l'arrière du parc de l'Élysée. L'ancien Premier ministre connaît le chemin, mais Chirac s'est un peu emmêlé dans ses horaires. Jospin est encore dans son bureau que Rocard est déjà dans le jardin. S'il l'aperçoit, Jospin se doutera de ce qui se trame et ce ne sera pas la meilleure façon d'entamer cette nouvelle vie commune. Comme un gamin dans une partie de cache-cache, Rocard se planque dans les fourrés présidentiels, le temps que le patron du PS en termine avec Chirac dans son bureau et les journalistes dans la cour d'honneur. À 12 h 30, la voie est libre, Chirac le reçoit. Ils vont s'entendre mais leur petit pacte secret ne servira à rien. Jospin préfère Védrine. Chirac ne trouve rien contre cet ancien secrétaire général de l'Élysée qui ne lui a jamais été désagréable, bien au contraire. Mardi soir, de sa voiture, Jospin appelle Rocard, lequel résume ainsi le bref échange : « Il ne voulait pas de vieux ! »

Racontée ainsi, l'anecdote met le héros du jour dans ses petits souliers. Passe encore le ridicule de sa partie de cache-cache à l'Élysée, mais sa manière de vouloir forcer la main de Jospin, en jouant de ses amitiés africaines et chiraquiennes, atteste que, pour être à nouveau ministre, un ancien Premier ministre ne rechigne même pas à se mettre à quatre

Bien entendu... c'est off

pattes ! L'histoire est amusante, je décide d'en faire le premier paragraphe d'un long article consacré, dans *Le Nouvel Observateur* de cette grande semaine pour la gauche, aux tractations souterraines qui ont marqué la mise en place du premier gouvernement Jospin.

Avec en vitrine ce petit scoop, comme on dit dans le métier, l'article paraît. Un étrange feuilleton démarre. Sans que j'en sache rien, Rocard décroche son téléphone pour joindre le grand commandeur de *L'Obs*, Jean Daniel. Rocard, comme Fabius, Lang, Guigou ou Strauss-Kahn, tous ces socialistes stylés, fait partie d'une espèce protégée dite des « amis du journal ». Rien n'est jamais trop bien écrit pour les satisfaire, pour porter haut leurs pensées et défricher avec zèle le chemin de leurs historiques destinées. Rocard presse son ami « Jean ». Il ne demande pas un démenti. Il exige que le journal confesse de lui-même qu'il a fait erreur. « Jean » fait passer la consigne de « Michel ». La semaine suivante, je découvre comme le lecteur l'*erratum* publié en dessous d'une interview accordée à « Michel » afin qu'il fasse part de ses idées « pour sauver l'Afrique » ! *Erratum !* « C'est par erreur que nous avons indiqué que Michel Rocard a été reçu par Jacques Chirac [...]. Nous prions nos lecteurs de nous en excuser » ! L'« ami du journal » n'a rien fait, rien voulu, vu personne. Le journal s'est couché et m'a étouffé. Inimaginable ! Inacceptable !

La rédaction finit par s'émouvoir. Nous allons d'assemblée générale en assemblée générale. Deuxième semaine, la direction publie un nouveau rectificatif, modèle d'hypocrisie : « Michel Rocard

La manœuvre de Rocard

s'est-il entretenu avec Jacques Chirac le jour de la formation du gouvernement ? Nous avons cru pouvoir l'annoncer, nous avons cru devoir le démentir. En fait la question reste ouverte pour certains, sauf pour l'ancien Premier ministre qui affirme que non. En revanche, il était bien, chacun en est d'accord, à l'Élysée ce jour-là, et dans le bureau du conseiller des affaires africaines » ! La version de l'« ami du journal » a encore prévalu. Il va jusqu'à proposer à l'« ami Jean » de venir devant la rédaction jurer sur sa Bible qu'il n'a pas vu Chirac ! Même lui est prêt à tout pour sauver son honneur, échapper au ridicule et préserver pour demain une petite chance pour un petit poste. Même lui ! « Parler vrai » ! Ce n'était donc qu'un discours. L'écrire vrai, il s'en foutait. Je fus plus triste pour lui que pour moi. Car Rocard savait parfaitement qui m'avait raconté son équipée élyséenne : deux hommes que je connaissais depuis longtemps, qui faisaient partie de mes informateurs habituels et que je savais sérieux, les deux hommes qui se trouvaient dans sa voiture ! Je ne leur avais rien demandé, ils m'ont tout expliqué, estimant qu'il était bien pour Rocard de mettre en avant son entente avec Chirac. J'étais sûr de cette information. J'aurais pu abdiquer, me satisfaire de ces rectificatifs de pleutres, prendre, comme on me le conseillait, quelques mois de liberté et revenir ensuite à la rédaction comme si de rien n'était. Jean Daniel sut, lui, prendre un instant congé de son langage châtié, pour m'accuser de mettre « le bordel dans la rédaction ».

J'avais démissionné du service politique du *Monde* où j'ai passé dix ans de ma vie. J'ai choisi *Le Nouvel*

Observateur. En entrant au *Monde*, je ne m'étais pas trompé, c'est ce journal qui m'a trompé en sombrant, durant la campagne présidentielle de 1995, dans l'adoration balladurienne. En venant à *L'Obs*, je me suis trompé. Je l'avoue, je me suis laissé illusionner par son histoire, je me suis laissé avoir par le personnage de Jean Daniel. J'y suis resté vingt mois, j'ai vu et j'ai été vaincu. J'étais passé d'un journal de référence à un journal de révérence. Ce ne sera jamais un journal qui dérange, c'est un journal qui arrange. J'ai su très vite que je m'étais trompé d'adresse. Un ami du journal souhaite la publication d'une interview, je refuse ; qu'importe, un « confrère » s'exécute. Un écho est publié, par miracle, sur les émoluments de l'épouse de Jack Lang, ce dernier obtient la semaine suivante un écho de compensation vantant ses inestimables bonnes actions auprès de Jospin. Tellement caricatural, mais personne pour s'émouvoir. Ce ne sont pas seulement les habitudes mais les mœurs d'un journal qui n'en finit pas de se fondre en dévotions devant le maître des cérémonies, dont chaque conférence de rédaction ressemble à une audience papale. L'univers de Jean Daniel, c'est celui des palaces marocains. Avec d'autres invités de marque, son portrait honore le hall des établissements les plus renommés. Imaginez Jean Daniel en résidence à La Mamounia, éditorialiser, comme en 1995, lorsque Juppé avait mis la France dans les rues, sur les préoccupations des travailleurs en colère... et vous comprendrez que chez lui le journalisme mène à tout à condition de n'en pas sortir.

Je ne supportais pas. Je ne supportais plus. Je

La manœuvre de Rocard

décidai de démissionner en invoquant la clause de conscience. Manifestement il y avait un mot de trop. La clause peut-être, mais la conscience ! Compatissante, la rédaction m'organisa un pot d'adieu. En troisième semaine, fut publiée une lettre de Rocard réaffirmant qu'il n'avait pas rencontré Chirac. Avec, en dessous, cette seule petite phrase en italique : « *Nous maintenons pour notre part nos informations.* » Trois semaines pour arracher cette simple phrase, qui était pour moi principe d'honneur et de courage. Enfin ! Mais trop tard ! J'en avais trop vu. Ils en avaient trop fait. Jean Daniel m'adressa une longue lettre « depuis un lieu de vacances et de travail » : « Si concerné que j'aie pu être dans cette affaire, si éloigné que je sois aujourd'hui de Paris, je ne veux pas être le dernier à vous dire combien m'ont intéressé et même touché les réflexions que vous avez livrées à nos amis sur notre métier. » « Un jour, concluait-il, je suis sûr, vous nous reviendrez et je serai heureux de vous accueillir. » Moi, j'étais sûr de ne jamais vouloir revenir. Jean Daniel continue de disserter, les amis du journal sont toujours dans les pages à la même place, *L'Obs* continue d'observer et voici maintenant que s'annoncent peut-être de futures épousailles entre les titres de MM. Colombani et Daniel. Alléluia !

Quelques jours après mon départ, Rocard m'a convié à déjeuner dans un grand restaurant. « Peut-être, lui ai-je dit, devrai-je un jour vous remercier d'avoir précipité utilement ma réflexion. Je voudrais que ma profession redevienne honorable, respectable, qu'elle retrouve ses marques. » Il était d'accord. Il fallait faire quelque chose. Nous n'avons pas un instant parlé de Chirac.

II

Le complot de la Somme

C'est la Somme qui m'a réveillé !
Je n'arrive pas à oublier cette invraisemblable histoire.
Début 2001, temps de chien au nord de la Loire, comme on dit à la météo, catastrophe sur la Somme. Entre Abbeville et Amiens, inondation générale. Ce n'est pas ça qui les a fait rire à Paris entre fromage et dessert. C'est quand ces « ploucs » — comme on les appelle dans les beaux quartiers — ont commencé à nous expliquer que s'ils avaient les pieds dans l'eau, c'était la faute des politiques qui avaient en secret choisi de rejeter chez eux l'eau qui menaçait de submerger le centre de Paris. Souvenez-vous, les télés ont traité le sujet plusieurs jours et encore aujourd'hui la rumeur n'a pas été tout à fait noyée.
Les ploucs ! Car ils y croyaient vraiment. Qu'à Paris, « ils » avaient décidé de noyer leur région pour que les bagnoles puissent continuer à rouler sur les berges de la Seine. Fallait pas leur raconter d'histoires aux Picards. Le Pernaut de TF1 du « 13 heures », ce petit marquis de nos provinces qui

Bien entendu... c'est off

sent si bon le terroir avec son nom d'apéritif, l'avait plus d'une fois bien expliqué au poste : quand la Seine déborde à Paris, c'est tout le moral des Parisiens qui se met à flotter. À quoi ça tient ! Comment ils appellent ça ? Les « voies sur berge ». Une invention de Pompidou. Qui ? Ben, l'ancien Président. Heureusement qu'il ne nous a pas fait deux septennats celui-là. Le petit matin, dès sept heures, les envahisseurs commencent déjà à sniffer leurs pots d'échappement. La seule trêve, c'est le dimanche ou en août. Avec le sable, c'est tout neuf ! Comme si on voulait que la Seine respire un peu. Vélos et rollers, bronzeurs et bronzeuses viennent rêver d'un Paris bon air, pendant que plus haut les voitures gueulent de jalousie. Mais quand ces voies sur berge deviennent impénétrables, Paris a une rupture d'anévrisme. Avant, quand la Seine faisait des siennes, l'ORTF montrait l'état des mollets du zouave de l'Alma. Si on ne peut plus circuler sur les voies sur berge, Paris devient barge.

On les devine lors de l'arrivée du Tour de France mais ça ne va pas plus loin. Des voies sur berge, le Picard s'en contrefout. Le Picard est bien chez lui, à se raconter des histoires et pourtant il n'est pas bavard. Il réfléchit toujours avant de ne pas parler. Pendant longtemps, dans ces pays de terres et de galères, tout ce qui n'était pas du coin était forcément « parigot-tête de veau ». Les gens pouvaient débarquer du Nord, d'Alsace ou d'Italie, c'était un « Parigot-tête de veau ». S'il arrivait vraiment de Paris, alors là, il fallait du temps pour trouver une rime encore plus riche. Sinon on préférait se taire. Mais souvent le miracle avait lieu. Le Picard ne

Le complot de la Somme

prête pas son amitié. Il la donne. Cela prenait aussi un certain temps.

Il est bien chez lui. Alors, quand il se retrouve pendant des semaines sous un mètre d'eau, c'est toute sa vie qui part à la dérive. La Somme, c'est son fleuve, qui eut sa terrible bataille entre 14 et 18, qui lui apportait distractions et canards sauvages. Les Picards acceptèrent même d'être appelés « bêtes de Somme » puisqu'ils aimaient se considérer comme tels. Travailler, prendre de la peine c'était leur honneur. Ils pensaient qu'en retroussant une fois encore leurs manches, ils viendraient bien à bout des sautes d'humeur de leur fleuve. Les catastrophes, ce sont les fêtes des pauvres. Mais leur courage a fini lui aussi par tomber à l'eau. Le Picard ne reconnaissait plus sa Somme sauvageonne. Panique générale. Experts dépassés, habitants déprimés et politiques condamnés. Le feuilleton télévisé de cette nouvelle bataille de la Somme a duré des semaines.

Les pauvres, se disait-on au début de ces malheurs. Records de pluviométrie battus, la terre qui n'en peut plus de pomper, ce début de siècle pourri. Les pauvres. Puis ce fut : les cons. Quand un lundi matin, sur France Inter, une Picarde révoltée expliqua micro ouvert que ce qui se produisait chez elle ne pouvait pas être seulement un phénomène naturel. Qu'il y avait de la politique derrière ! Qu'à Paris, en haut lieu, dans les grandes tours de contrôle de l'État, le choix implacable avait été fait : épargner Paris et noyer la Somme. D'un seul coup, la rumeur allait se déverser sur les antennes. Incontrôlable et, comme la suite allait le prouver,

Bien entendu... c'est off

totalement farfelue. Mais qu'importe ! Elle allait, ramant sur le courant de l'impuissance, du désarroi et de la tristesse. Même Jospin, accouru botté sur place, marchant sur des planches et sur des œufs, ne parvint pas à l'endiguer. Chirac pour ne pas se mouiller préféra leur envoyer la miraculeuse Bernadette qui finira bien un jour par marcher sur les eaux. Invraisemblable histoire. Pour calmer le peuple, il fallut promettre de diligenter une enquête.

L'histoire, à Paris, fit bien rire. On aurait dû plutôt s'alarmer. Mais non ! La France supérieure se moqua à nouveau de la France inférieure. Les sinistrés de la Somme devenaient les sinistrés de la télé. Lamentations dans les ministères qui, comme chacun sait, regorgent de gens intelligents et pleins de tact. Leur constat était établi : quand bien même finiraient-ils par se retrouver les pieds au sec, ces Picards ne seraient toujours que des ânes ! Bien sûr on ne le disait pas de cette manière dans les journaux, ou à la télé, mais c'était tout comme. On continua de surveiller quotidiennement le niveau de cette Somme intenable, de multiplier les témoignages de ces pauvres gens qui voyaient ainsi s'engloutir des années de sacrifices. Et tant mieux si ces témoins de malheur n'arrivaient pas bien à exprimer leurs émotions, cela ne faisait que renforcer l'image que l'on souhaitait donner de ces peuplades reculées.

Ces vrais gens de Picardie, on les a vite oubliés. On a eu peur à Paris quand, début 2002, année électorale s'il en fut, les eaux sont reparties là-bas à la hausse. On n'allait pas les ressortir ! L'eau est finalement restée tranquille. Car d'un seul coup ils

Le complot de la Somme

n'ont plus fait d'audience. On les avait assez plaints. On les a laissés se dépatouiller avec ces petites solidarités qui n'émeuvent que dans leurs chaumières. On les a abandonnés avec leurs yeux pour pleurer et leurs mains pour nettoyer. Tandis qu'à Paris, belles dames et nobles messieurs commençaient à s'interroger sur les meilleurs bronzages de l'été, les festivals à ne pas rater et la date des soldes.

Où sont les vrais ploucs ? Chirac voulait en 1995 bâtir son septennat sur le décor de carton-pâte de la « fracture sociale ». Ah ! la belle trouvaille, se pâmait-on dans les rédactions. Ce n'étaient que des mots, on le savait mais on n'a rien dit. On aurait pu s'en douter. Sept ans plus tôt, Mitterrand nous avait fait le coup déjà avec sa « France unie ». Quatorze ans après — un sacré bail tout de même — la France n'a jamais été aussi désunie. Pendant cette campagne, on a entendu Chirac nous expliquer qu'il voulait se placer au-dessus de la mêlée. Des mots usés, exténués, mais autre variante du concept mitterrandien. Le vieux, décidément, continue de veiller sur nous. Jospin, lui, avait prêché la « réconciliation ». On n'en sort pas. Mais il faudra plus que des mots pour s'en sortir. Pour combler ce fossé moral et dévastateur qui s'est creusé entre le peuple et la petite cour de Paris qui ne veut pas dire son nom, qui fait semblant de tout savoir alors qu'elle ne sait même plus où elle va.

Car les Picards ne sont pas seuls ! Leur rumeur était folle mais ce n'était pas folie de leur part de vouloir faire comprendre leurs sentiments de déshérence, d'abandon, d'incompréhension par rapport à ce Paris de tous les pouvoirs, de toutes les

Bien entendu... c'est off

suffisances qui leur semble aujourd'hui situé sur une autre planète, et régi par des règles qu'ils ne comprennent plus. Paris faisait rêver. « Là-haut à Paris », disaient-ils avant respectueusement. Paris aujourd'hui leur fait peur. « Là-bas à Paris. » Tout est dit. Là-bas à Paris, ils seraient bien capables de nous mettre la tête sous l'eau pour garder leurs pieds au sec. Beaucoup l'ont pensé. Sérieusement, et c'est bien ce qui est fou. Paris devenu la cause de tous les maux, de toutes les angoisses et incertitudes. Paris Ville Lumière devenue bien obscure. Paris fait peur aux Français, parce qu'on ne sait plus comment ça fonctionne. Pas le Paris des faubourgs et des banlieues, mais le Paris du centre, du centre des pouvoirs, du centre des relations, du centre des réseaux, du centre de l'argent, du centre de l'information, du centre de la pub, du centre de la télé. Ce petit Paris qui ne fait qu'un. Ce Paris qui brille et qui brûle. Cette cour parisienne face au peuple de France, cette cour qui se donne des airs mais qui finira par sombrer.

Paris, moi aussi, m'a fait rêver. Mais quand toute une France part à la dérive, ce rêve finit à son tour par prendre l'eau. Cette cour, moi aussi, m'a captivé, mais quand je vois chez elle un tel dédain pour le peuple, ce peuple d'où je viens, je devine qu'un jour, ce dernier voudra se venger. Et que nous n'en sommes plus loin.

III

Le plus beau métier du monde...

Je me suis lancé dans la carrière la fleur au fusil. Être journaliste, le plus beau métier du monde. La liberté d'aller et de dire. Les rencontres, les mots. Grain de sel et grain de sable. En tant que prolo, j'avais sur cette « profession » des idées simples mais bien rivées. Je croyais qu'être journaliste, ce n'était pas seulement donner la parole aux puissants mais aider les faibles à se faire entendre, raconter les joies mais aussi les misères, mettre — comme je me l'étais inscrit dans un beau petit cahier rouge —, selon le mot célèbre d'Albert Londres, « le doigt dans les plaies » de notre société.

En six années de « locale » au bord des plages du Nord puis dans un Valenciennois en émoi, avec de vrais camarades, nous nous y sommes essayés. Mais comme il fallait se battre ! Nous étions tout contents quand nous pouvions raconter une grève, fiers de notre carte lorsque nous pouvions mettre le doigt sur les dérives d'un maire, les excès d'un sous-préfet, offrir quelques lignes à quelqu'un qui n'était pas président, directeur de ceci ou de cela. Il fallait se battre en bas pour déranger ceux d'en haut.

Bien entendu... c'est off

En plus, il y avait les impératifs de la publicité. Raconter les misères des caissières d'une grande surface qui lâche des millions pour vendre des petits pois dans vos pages, enquêter sur les syndicats soi-disant indépendants qui font régner la terreur dans les groupes automobiles qui vendent leurs engins à la une de votre journal, c'était comme s'exposer à des radiations atomiques. Déjà, au plus bas de l'échelle, je découvrais que le journaliste vit en liberté surveillée, que raconter la vie ce n'est pas toujours une vie. Le pire c'est que rien n'a changé. Nos grands régionaux, comme il faut continuer de les appeler, sont, à quelques exceptions près, des petits mouroirs pour journalistes découragés et frustrés. Ils forment pourtant les plus gros bataillons du métier, mais des bataillons désarmés. Les diffusions s'essoufflent. Quand les « gratuits » auront l'idée d'annoncer les naissances et les enterrements, ils auront déjà un pied dans la tombe. *La Voix du Nord* roulait sur l'or. En passant par la Belgique, le groupe Hersant s'est installé dans la place. Ce journal était indépendant, il ne l'est plus. Pas grave, puisqu'il ne se servait pas de sa liberté.

Lorsque j'ai reçu ma première carte de journaliste, je pensais avoir touché un précieux passeport pour la liberté. Plein d'espérance j'ai compris que pour ne pas mourir au petit feu de l'actualité, il faut entrer dare-dare en résistance. Ça n'a pas changé. Quand tu débarques, on t'explique tout de suite qu'il faut être bien avec les flics et les gendarmes qui chaque soir, si tu es gentil, t'alimenteront en faits divers, le fonds de commerce de tes pages. Qu'il ne faut pas éconduire les plus modestes fonc-

Le plus beau métier du monde...

tionnaires des renseignements généraux — les fameux RG — pour qu'ils te renseignent en particulier. Qu'il faut être en bons termes avec monsieur le maire, monsieur le député, monsieur le conseiller général, monsieur le sous-préfet, monsieur le procureur de la République, les avocats, les huissiers, les commissaires, bref tous les messieurs des annuaires des Lion's Clubs et Rotary Clubs.

La France des messieurs est bien faite. C'est fou ce qu'on peut se donner comme mal pour être bien avec tous ces messieurs-là. On le fait sans scrupule en pensant que les lecteurs n'y verront que du feu. Qu'ils se contenteront d'avoir de temps en temps leurs tronches dans le journal à l'annonce de leur mariage et de leur enterrement. Et que toi, tu te consoleras en étant invité partout, places « exonérées » au cinéma et couverts dressés à la table des personnalités. Si tu comprends vite le système, un jour un monsieur de chez les messieurs viendra te prier de bien vouloir entrer dans leur cénacle particulier. Ils te donneront le petit pin's à mettre sur le revers de veste et à ton tour tu seras reconnu. Journaliste tu étais. Notable tu deviendras. Et tu pourras ranger au fond d'un grand tiroir ta carte de presse qui ne pèse pas lourd.

Pour toute cette notabilité journalistique, les lois de décentralisation auront été une véritable bénédiction. Nos-chers-présidents de région et de conseils généraux sont désormais dotés de moyens énormes. Les services de presse sont équipés pour pourvoir aux menus plaisirs des « amis » utiles. Mais là-dessus, on n'a jamais rien lu. Déjeuners, petits cadeaux, voyages d'études, les hommes politiques

Bien entendu... c'est off

ont appris de Paris qu'il fallait toujours savoir prendre les « amis journalistes » par les sentiments et les agréments. De ce point de vue, nul ne niera que la décentralisation ait été un beau succès... « Faut bien bouffer », c'est toujours l'excuse fournie dans toutes les rédactions de France et de Navarre. En vingt ans de métier, je n'ai entendu que ce « faut bien bouffer ! » Je pensais que le journaliste devait avoir de l'estomac. Je ne pensais pas qu'il pouvait passer son existence à se le remplir !

Quand tu viens de nulle part, tu peux faire comme si tu ne comprenais rien au mode d'emploi de ce qu'ils appellent la vie en société. J'en ai profité. Tout système a ses failles, alors il faut foncer. Dans le Valenciennois, la fin des années 80 annonçait la chute mortelle d'une sidérurgie qui faisait vivre des milliers de familles. Déjà les mines fermaient une à une et là c'était les hauts fourneaux qu'on voulait mettre par terre. Une véritable catastrophe pour Denain et ses dépendances. Décision brutale prise de Paris par les grands patrons de l'acier avec la bénédiction d'un pouvoir giscardien à la botte qui avait une conception étriquée du dialogue social. Un véritable drame pour le Nord qui, vingt ans après, ne s'est pas complètement effacé. Il est des trahisons dont les braves gens ne se remettent jamais. Piloté par Mauroy, Mitterrand vint en personne expliquer aux populations sous le choc que ce ne serait pas avec la gauche au pouvoir que l'on verrait des choses pareilles. Moins de quatre ans plus tard, Mitterrand président et Mauroy Premier ministre rayaient définitivement Denain et faisaient débrancher les hauts fourneaux de Lorraine.

Le plus beau métier du monde...

À cette époque encore, les communistes tenaient tout l'arrondissement. Ils étaient partout : mairies, syndicats, clubs de sport, bonnes œuvres, jumelage avec les villes d'Allemagne de l'Est. Le Valenciennois était une réserve de camarades disciplinés formés dans le culte du petit gars du coin, Maurice Thorez. Ils bouffaient du giscardien et avec plus d'appétit encore du socialiste. Ils étaient capables de se mobiliser par milliers pour tourner autour de la place d'Armes de Valenciennes en chantant *L'Internationale*. La carte politique était simple : au centre, Valenciennes, la cité des banques et du grand capital tenue par le RPR, au nord, sur la frontière belge, Saint-Amand-les-Eaux, la cité des curistes tenue par l'UDF, le reste, tout le reste, était rouge.

Rares étaient les ministres à oser faire le détour. Les riches avaient Monaco. Les pauvres, le Valenciennois, principauté coco accrochée sur le solide rocher stalinien. Évidemment, lorsqu'on voit aujourd'hui se démener le pauvre Robert Hue et dame Buffet, on a du mal à imaginer ce qu'a été la puissance de la machinerie communiste dans le Nord. En pleine crise sidérurgique, ce Valenciennois était devenu la terre d'élection d'un jeune qui montait dans le Parti, un certain Alain Bocquet, « Bill » pour les intimes. Il faillit bien, c'est vrai, devenir calife à la place du calife (Hue), mais les camarades l'ont retoqué de justesse. Le camarade Bocquet est resté communiste en l'absence de perspective de reclassement. Il est toujours député et maire de Saint-Amand, la ville qui accueille l'un des plus grands casinos de la région. La dictature des machines à sous ne fait plus peur aux petits-enfants de Thorez. Retroussez vos manches ! Rien ne va plus !

Installée dans ce grand parc d'attractions communiste, *La Voix du Nord* était considérée comme le journal de droite. Les communistes avaient leur quotidien, *Liberté*, les socialistes *Nord Matin*, on votait chaque matin en achetant son journal. Une telle concurrence créait dans les rédactions une vraie émulation. J'avais fini par hériter d'une rubrique sociale qui se limitait à la publication intégrale des communiqués des syndicats et des patrons. Il ne fallait surtout pas se mouiller. À lire le canard, la vie dans les usines, dans les mines, à Usinor ou entre les chaînes de voitures se résumait à une course aux plus belles médailles du travail. Lorsque ces milliers de sidérurgistes se sont du jour au lendemain retrouvés dans la rue, il a tout de même fallu se réveiller. C'était tout le Nord qui était concerné, le journal jouait son fonds de commerce. J'en ai profité et, miracle, on m'a laissé faire. Je n'étais pas dupe : je faisais partie du plan de sauvetage mais pendant des semaines j'ai eu droit, comme on dit dans ce métier, à la « une ». J'ai pu raconter cette détresse humaine. Le combat de ces syndicalistes extraordinaires de dévouement, la révolte tirée du fond d'une conscience ouvrière qui vivait ses derniers soubresauts, la solidarité de toute une région par-delà les clivages ordinaires, le dédain de Paris, la grande peur du lendemain. Je faisais du « vécu coco », c'était le cas de le dire. Ce drame, c'est ainsi, fut une chance. J'étais partout, on m'écrivait, on m'approuvait, on me contestait.

Le plus beau métier du monde...

Ç'a duré des mois. Ça n'a pas empêché les hauts fourneaux de s'éteindre mais au moins *La Voix du Nord* s'était-elle fait entendre. J'allais être récompensé. On me faisait « monter à Paris ».

Voiture de fonction, bureaux sur les Champs-Élysées, je devenais l'un des quatre ambassadeurs du journal à Paris. C'est du moins ainsi qu'avec beaucoup de solennité l'on m'avait présenté mes nouvelles fonctions. Ambassadeur à trente berges, je savais qu'il y avait au moins dans mon dos trois cents types enfermés dans leur « locale » qui en rêvaient. La France du TGV commençait à peine à se dessiner, chaque grand régional se devait encore d'avoir son ambassade à Paris, signe extérieur de richesse et de noblesse. Mais bien peu parvenaient à avoir pignon sur la plus belle avenue du monde. « Bureaux parisiens, 73, avenue des Champs-Élysées », l'adresse figurait presque en lettres d'or sur la première page du journal. De quoi impressionner le chaland nordiste et lui garantir une information de premier choix. Aujourd'hui, ce journal, à la merci de la pieuvre Dassault, craque de partout mais l'enseigne parisienne reste accrochée à la même place et à la même page. Dernier leurre d'une splendeur passée.

Moi, en tout cas, j'étais fier d'arriver là, très fier, mais je n'en menais pas large. Je débarquais avec pour lettres de créance ma bonne volonté, ma curiosité et ma passion de la politique, ce qui me paraissait un peu court. « N'aie pas peur de ton ombre », c'est toujours ce qu'on vous rabâche chez les pauvres pour se donner un semblant d'assurance. C'était gravé depuis longtemps dans ma tête

Bien entendu... c'est off

mais là, pour ne pas la perdre, il fallait déjà que je commence par retrouver mon ombre. Passer de la kermesse politique de province à la grande scène parisienne. J'étais comme mon idole Adamo pour sa première à l'Olympia : tétanisé ! Tintin sur la Lune, le petit chose chez les quelqu'uns, le manant reçu au Grand Trianon. Tout m'impressionnait !

Le décor de la République, ses palais, ses ministères, ses états-majors des beaux quartiers que je ne connaissais que par la télé. Je n'avais mis les pieds que dans un ministère, celui du Travail, rue de Grenelle, qui n'était pas encore devenu... celui de l'Emploi, quand feu Robert Boulin se démenait avec le dossier pourri des sidérurgistes d'Usinor. Quelques mois plus tard, le bonhomme était retrouvé au fond d'une mare, je ne pouvais pas l'oublier. J'étais encore stagiaire quand on m'avait envoyé aussi au Sénat pour accompagner une visite de dames patronnesses du Nord chez les Médicis. J'avais été marqué par l'épaisseur des moquettes et du sommeil des retraités de la République en séance. C'était tout.

J'allais découvrir un monde mystérieux. À moi Paris. Je n'étais plus un journaliste ordinaire, mais un journaliste « accrédité », un plénipotentiaire de la politique. Passeport pour l'Élysée et Matignon, ministères et assemblées, portes et cantines recherchées, et toutes les associations journalistiques installées confortablement dans les dépendances. Presse présidentielle, presse ministérielle, presse parlementaire, toutes régies par une nomenklatura ordinaire, toutes fournissant leur précieux sésame tricolore et surtout leurs demi-tarifs sur le ferroviaire.

Le plus beau métier du monde...

J'avais l'impression qu'un moelleux tapis rouge se déroulait sous mes brodequins crottés de petit provincial venu de nulle part. Chaque jour, je pouvais organiser ma journée du patrimoine pour moi tout seul. Je pouvais me shooter au crack des ors trompeurs et des parfums enivrants de la République. Je planais. Je me souviens des premières fois. Ce mercredi où j'ai franchi les grilles de l'Élysée pour « couvrir » mon premier Conseil des ministres. Le crissement du gravier blanc sous mes pas, le ballet des limousines des excellences, la cohue au bas du grand perron, la quête des confidences et des belles images. Cette séance de rentrée au Palais-Bourbon, l'encombrement de la salle des quatre colonnes, le roulement des tambours de la garde républicaine, les huissiers pliés en deux sur le passage unique du petit père Dassault, doyen d'âge, distribuant les billets de cinq cents francs comme des kleenex. Ces conférences de presse avec confrères endimanchés et toujours raisonnables. Ces cocktails de fin de session, de fin d'année, de début de session, de début d'année, de départ, d'arrivée, de promotion, de décoration, de disparition, de 11 Novembre, de 8 Mai, de 14 Juillet, incessante farandole de petits fours sur l'air bien connu sous ce grand chapiteau qu'un journaliste bien nourri est déjà pour moitié conquis... Ces déplacements en province dans la suite du président, ministre, sous-ministre, futur président, futur ministre, futur sous-ministre avec doléances et complaintes sur le terrain et re-cocktails le soir dans le salon pour digérer entre nous.

Tout m'impressionnait. Le décor mais les hom-

Bien entendu... c'est off

mes aussi qui forcément pour moi ne pouvaient être qu'à la dimension des bâtiments. Enfant, je pensais que ceux qui avaient mieux su leur catéchisme devenaient évêques et pour les meilleurs encore cardinaux. J'avais fini aussi par croire en écoutant les instits de la laïque que ceux qui avaient le privilège et l'honneur de faire de la politique à Paris étaient ceux qui avaient le **mieux** retenu les leçons d'instruction civique qui nous étaient rabâchées chaque matin au tableau noir. Que les présidents, ministres, députés, chefs, petits chefs et tout le tremblement étaient forcément les meilleurs des citoyens, les plus irréprochables, les plus exemplaires pour servir à leur tour de modèles républicains aux gamins qui viendraient après nous et, qui sait, entrer dans leurs livres d'histoire. Religion, politique, à chacune ses bons apôtres, chez les gens simples on ne se complique pas la vie. On a toujours fait croire aux gens d'en bas que la politique était faite pour les tirer un peu vers le haut. Moi aussi je croyais à ce catéchisme puisque c'était le seul qu'on nous avait appris.

IV

Le plouc miraculé

Paris reste la montagne sacrée de la connaissance. Et de la reconnaissance. Un grand politique ne se voit qu'à Paris. Un grand flic, un grand avocat, un grand juge, un grand médecin, un grand journaliste, pareil. On se doit d'être à Paris pour devenir. À Paris, monsieur, on vit, en province on végète.

Comme plouc, avec moi, il faut dire qu'on ne pouvait pas faire mieux. Bien sûr, je le leur ai toujours caché aux Parisiens. Ils auraient eu du mal à comprendre ce que je foutais là. Ils m'auraient pris pour un escroc, ils auraient demandé qu'on me renvoie avec les pauvres, ils auraient dit que c'était une honte, que leur petit monde marchait cul par-dessus tête. Un Français qui ne sortait pas de « nos milieux » retrouvé dans les allées du pouvoir !

À l'Élysée, à l'Assemblée, dans les ministères avec, comme carte de visite, journaliste au *Monde* — et plus tard à *L'Obs* —, vraiment une drôle d'histoire. Je ne leur ai jamais raconté d'où je venais. On m'avait appris le contraire, mais j'ai vite saisi qu'à Paris, l'habit fait le moine. Et que, pour entrer dans leurs ordres, il fallait se fringuer comme eux, tenir fourchette et cuillère comme eux, voir les mêmes films qu'eux, fréquenter les mêmes gargotes qu'eux, parler comme eux, se coller dans leur monde et ne plus bouger d'un poil, passer inaperçu dans cet univers d'apparences. On savait que je venais de ma province, mais on imaginait que j'étais un bourgeois de province. Même petit, mais d'abord bourgeois, et pour commencer ça a suffi. J'étais bon pour le service. Accepté sur le circuit.

Le Picard, à côté de moi, c'était l'aristocrate de la ploutocratie. Né encore plus au nord que lui, dans le sinistre Pas-de-Calais, élevé aux abords des corons dans une cité où les rues ne portaient même pas de nom mais des lettres, les lettres de l'alphabet pour que les Polonais immigrés puissent s'y retrouver. Un père mort en revenant de guerre quand j'avais trois mois, une mère obligée de travailler comme nettoyeuse des petits chieurs d'une école maternelle pour grappiller une misère par mois. L'été, on partait aux colonies, pas les Antilles, les colonies des « z'Houillères », comme on disait, pour gratter d'autres sous, puisque les vacances à la maternelle n'étaient pas payées. Ces cocos de la mairie, des staliniens de la première eau, avaient vite fait de vous transformer une maternelle en goulag de quartier.

Ma mère, elle, n'a jamais eu un sou mais elle a toujours voté à droite pour faire la nique aux cocos. Jusqu'à quatre-vingt-dix ans elle a continué. Il faut dire que dans le patelin, les communistes sont toujours dans la place. Les corons, c'était simple. Il y avait les silicosés et les autres. Les silicosés, ils crevaient vite, c'étaient leurs veuves qui touchaient le

Le plouc miraculé

pactole. Le mari disparu avait droit à du marbre pour son caveau au cimetière et de sacrées potées de chrysanthèmes au grand jour de la Toussaint. Une fois le gars parti, la veuve pouvait enfin profiter de la vie. Ça faisait évidemment des jaloux chez les autres. Puisqu'ils n'avaient pas voulu crever à la mine, ils n'avaient plus qu'à tirer les jours en attendant leur petite retraite, et en cultivant en surface leur petit bout de jardin, histoire de ne pas emmerder trop de monde avec les syndicats.

Car y a pas à dire, les « z'Houillères » étaient organisées. Chacun à sa place. Les ingénieurs en haut de la côte, les « porions », les contremaîtres du jour et du fond pas loin et tout le reste, Français, Polonais, Italiens dans les corons, dans les mêmes petites maisons, avec le même petit jardin, et le même petit chiotte, avec pour toutes distractions la journée de lessive, la « goutte de jus » du midi, la soirée devant la télé. Avec deux fois par an, la ducasse, et quand le tirage au sort était bon, une quinzaine de jours de vacances à La Napoule. Pour ceux qui n'avaient rien contre, il y avait aussi la kermesse du curé. L'ingénieur de la fosse allait à la messe. Pour se faire bien voir, c'était pas plus mal d'aller à la messe du dimanche, la grande de dix heures. On n'était pas forcé de communier, mais c'était bien de passer à l'offrande pour se faire voir du chef qui, bien entendu, était toujours en dévotion au premier rang. Les corons étaient bien gardés. Les patrons du charbon et les tenants du goupillon savaient s'entendre.

Ma mère à la messe n'était jamais loin de l'ingénieur. Toujours pour faire la nique aux cocos. On

Bien entendu... c'est off

ne vivait pas dans les corons, juste à côté. Mon père inconnu avait été menuisier. Il avait investi dans une grande baraque qui n'a jamais été finie. L'hiver on pelait de froid. L'été on se réchauffait en tentant de repousser les herbes folles qui entraient dans la maison. Mes trois frères dataient d'avant-guerre. Ils se sont bien amusés jusqu'à ce que le deuxième soit tué sous les yeux du premier en revenant de l'école. Premier drame.

Je n'étais pas né mais j'ai compris assez vite que j'étais venu après guerre pour remplacer le disparu. Et ça m'a toujours fait drôle. Prisonnier de guerre, mon père est rentré d'Allemagne avec une maladie qui ne l'a plus lâché. Ma vie commençait. Mes frères étaient grands, j'étais le pauvre petit qu'on plaignait déjà avant que je n'aie prononcé mon premier mot. Mes frères, à l'âge de « fréquenter », avaient l'interdiction de ramener à la maison une « Polack ». Car, disait ma mère, les Polonais, c'est pas comme nous. Je ne comprenais pas mais il n'y avait pas à discuter. Les Polonais faisaient tout de même de bons gâteaux et puis leurs filles étaient plutôt jolies. Mais ce n'était pas suffisant. Il y avait surtout qu'avant la grand-messe de dix heures des Français, était célébrée à neuf heures, chaque dimanche, la messe des Polonais. Les Français prêtaient leur église aux Polonais et c'était déjà un sacré sacrifice. En plus, ça ne ratait jamais : les Polonais étaient toujours plus nombreux que les Français et, en plus, ces salopards chantaient mieux que les Français. On le savait. Parce que chaque dimanche, la messe, la grand-messe des Français, commençait en retard à cause des Polonais tellement ils chantaient leurs cantiques à n'en plus finir.

Le plouc miraculé

Ça, ma mère non plus ne l'a jamais supporté. Dieu a le dos large mais il y a quand même des limites. Le curé de la grand-messe n'en pouvait plus, et toutes ses ouailles se devaient de communier dans la même révolte anti-polack. J'ai assez vite été concerné parce que j'ai eu le privilège d'être le plus jeune enfant de chœur de la paroisse. Les corons, c'était pas folichon. Ce n'était plus *Germinal* mais ce n'était pas non plus la Foire du Trône. J'avais le droit de jouer dans les corons mais pas de traîner dans les rues. Le soir, c'était jour de chance quand j'avais la permission d'aller voir un film à la télévision chez un de mes copains. J'avais une chaise dans la salle à manger, on éteignait les lumières pour faire des économies et on regardait le film en noir et blanc. On voyait bien mais pour entendre c'était une autre histoire. « Y joutent bien » ou « y joutent pas bien ». À partir de là, c'était le foutoir. Mais c'était mieux que rien. Chez moi, il n'y avait rien à voir !

Une vie d'enfant, chez les pauvres, ce n'est pas gai. « À la grâce », me disait ma mère qui croyait aux miracles et qui en réussissait souvent pour qu'on ne se retrouve pas à la rue. Chaque début de mois, elle mettait un peu d'argent de côté pour le chauffage et l'électricité, et le peu qui restait, c'était pour manger. Quand à la fin du mois il restait encore un peu du peu d'argent, on le mettait de côté pour « s'habiller ». Vivre pauvre, c'est être discipliné. « À la grâce, à la grâce ! » Et comme le catéchisme était bien foutu, que le curé n'arrêtait pas de répéter que les premiers seraient les derniers dans le « royaume des cieux », qu'heureux les

Bien entendu... c'est off

pauvres car ils seront appelés fils de Dieu, j'avait fini par croire aussi que ça valait la peine de se serrer la ceinture. Que la grâce, ce n'était pas fait pour les plus gras. Car il n'était pas question non plus de voler son prochain, ni de faire des dettes, des emprunts, bref des trucs de riche. Même si le soir à dîner il n'y avait que du café au lait, on savait qu'on pouvait dormir tranquille. Qui vole un œuf vole un bœuf, me disait toujours ma mère. Mais ça ne nourrissait pas son petit homme. Faute de mieux, ma mère m'alimentait de beaux principes et de bons préceptes. Dans ce milieu, quand on réfléchit trop, on se suicide.

À l'époque, les enfants de milieux défavorisés, comme on disait sous Giscard, étaient bien tenus. Pour ceux qui croyaient au bonheur dans le Ciel, il y avait le curé, son catéchisme et toutes ses fêtes et processions. Pour ceux qui n'y croyaient pas trop, il y avait les instits de la communale, des mecs comme on n'en fait plus. Avec leur grande blouse grise, ils nous enseignaient d'abord la vie. Ne comptant pas leurs heures, ouvrant leur maison pour les cours de rattrapage qu'on payait si on pouvait, la laïque avait aussi ses saints. Le curé nous apprenait à endurer en nous promettant le paradis. Les instits nous apprenaient à lutter en nous promettant une terre meilleure. Chaque jour au tableau était inscrite la phrase de morale. Nous y pensions un quart d'heure, c'était le catéchisme laïque. L'un dans l'autre, tout ça nous occupait la tête. Pour les plus grands, il y avait les syndicats. Pour faire plaisir à l'ingénieur, valait mieux s'inscrire à la CFTC. Ça en jetait. Les autres allaient à la CGT. La plupart des

Le plouc miraculé

gens du coron choisissaient le jardin. Faire pousser sa rhubarbe, ses groseilles et ses salades ne contrariait personne et nourrissait les gamins. Les Houillères ont toujours préféré les bons jardiniers aux fortes têtes. Y avait de l'émulation dans les corons.

Comme je n'étais pas assailli par les distractions, j'étais obligé de travailler en classe. On n'arrêtait pas de me dire que « j'étais en avance ». Plus jeune enfant de chœur, en avance à l'école. Je me bâtissais comme je pouvais.

L'avenir restait le charbon. Personne n'avait encore expliqué qu'il y avait de la reconversion et des déménagements dans l'air, que les fosses moins rentables allaient être vidées et qu'on déplacerait les plus vaillants vers d'autres bassins plus prospères. Mineur, on l'était souvent de père en fils mais, malgré les efforts des ingénieurs, ça commençait à branler dans le manche. Fils de mineur, y avait de quoi réfléchir. Fils de silicosé, encore plus. Voir le père mourir à petit feu d'étouffement, terminer avec un petit tuyau dans la gorge et les cordes vocales par terre, tout cela pour avoir droit à du marbre au cimetière, la jeunesse du coin commençait à regarder ce film noir de travers. C'est d'ailleurs à partir de ce moment qu'il a fallu importer des Marocains.

Les Français voulaient bien continuer à donner leur vie aux Houillères mais en surface, à l'air libre. D'accord, c'était moins payé ; les quinzaines étaient moins lourdes, mais au bout il y avait quand même l'assurance de voir grandir les enfants. Tant pis pour le marbre et les chrysanthèmes. Logement gratuit, charbon gratuit, colonies de vacances pour

Bien entendu... c'est off

les mômes, soins gratuits à la caisse des mines, le fameux séjour à La Napoule une fois tous les cinq ans ; vers quinze-seize ans, beaucoup de copains entraient en apprentissage et étaient partis pour trente ans d'embrigadement. Les filles, on ne les envoyait plus au charbon mais on les recrutait dans les usines textiles de Lille-Roubaix-Tourcoing. Le filon, c'était les filatures. Bus le matin, bus le soir, elles revenaient doublement crevées mais il paraît que ça faisait d'excellentes ménagères et des mères solides. Souvent le jeune mineur se mariait avec la fille des filatures et tout ça faisait d'excellents prolétaires.

Le rêve était d'être fonctionnaire ! Chez les cheminots, aux postes, dans les CRS, à l'EDF, n'importe quoi, mais fonctionnaire. C'était l'espoir de quitter les corons, d'avoir du boulot jusqu'à la retraite, de pouvoir — qui sait ? — porter la cravate, mais surtout, surtout c'était la certitude de ne pas se tuer au boulot. Avoir une fonction était bien autre chose que d'avoir un travail. Rien que le mot faisait plus riche, plus propre et, comme on disait souvent, « plus distingué ». Il valait toutes les Légions d'honneur, puisqu'on savait que les Légions d'honneur ne sont pas pour les ouvriers.

Le plus distingué était de devenir instituteur, d'entrer à l'École normale. Normale, normale, c'était vite dit. Car chez les pauvres, quand la vie devient normale, c'est déjà exceptionnel. Il fallait « bien marcher » à l'école et puis aller jusqu'au « bachot », et ce n'était pas donné à tout le monde. Déjà le certificat d'études, quelle fête quand le gamin l'avait décroché ! Avec le certificat, il était

Le plouc miraculé

sûr d'entrer à la mine, et c'était une garantie. La municipalité s'en mêlait. T'avais le certificat d'études, tu touchais un gros dictionnaire Larousse rouge et t'avais droit à un voyage en bus d'une journée à Paris avec visite en plus du château de Versailles. Tu revenais crevé mais c'était souvent le premier voyage à la capitale. Les cocos de la mairie t'expédiaient à Versailles, ce n'était pas banal. T'en avais pour une quinzaine de jours à t'en remettre. On t'avait sorti des corons et ça faisait presque peur.

Dans cette région dure à la tâche, la même question te venait sans cesse dans la figure : « Alors petit, qu'est-ce que tu veux faire plus tard ? » Je ne trouvais pas. Le frère aîné était menuisier, parti ailleurs dès le mariage monter une petite entreprise. L'autre était instituteur et on n'en était pas peu fier. Menuisier, il suffisait de me voir planter un clou pour comprendre que cet avenir m'était bouché. Instituteur, pourquoi pas, mais répéter la même chose chaque année dans la même école, je sentais que ce ne serait pas une vie. En réalité, je n'en savais rien. Pour faire suer tout le monde, je disais vouloir être chauffeur d'autobus, avec casquette et blouse aux couleurs de la compagnie. Attention, pas les autobus ordinaires qui s'arrêtent chaque jour aux mêmes arrêts, mais les cars qui nous conduisaient en colonie, ceux qui vont loin, qui s'arrêtent dans les beaux coins, dans lesquels les gens chantent, prennent des photos. Avec un manche à balai et un cul de chaudron, un vieil escabeau pour faire tableau de bord, installé devant la fenêtre de la cuisine, mon car avait de l'allure. J'en faisais des kilomètres et des kilomètres ! j'en voyais du pays, car même si ma mère ne s'en rendait pas compte, il y en avait du monde derrière moi ! Roulez jeunesse. Dans ces coins-là, on ne rêve pas d'être pilote de chasse ou capitaine de corvette. On rêve d'être chauffeur de car, un véhicule qui peut vous emmener loin et dans lequel vous ne payez pas.

Mais je sentais dans le rétroviseur des autres que chauffeur c'était moins bien que fonctionnaire. Pour eux, un bus restait un bus. Il me fallait trouver autre chose. Le BEPC en poche, on a commencé à m'expliquer doucement qu'il serait bon que je passe quelques concours administratifs. Le concours des postes ou le concours de la SNCF. Ce n'était pas trop difficile et, comme on le disait souvent chez moi, « on ne sait jamais ». En y mettant du mien, m'expliquait-on, je pouvais finir receveur des postes ou chef de gare. « C'était pas de mauvais métiers. » Heureusement que dans la famille on n'a jamais eu le culte de l'uniforme, j'aurais pu finir capitaine des CRS. Car là-bas, les autres décident souvent de votre avenir. « Écoute ce qu'on te dit. » « Regarde untel. »

Je n'ai jamais bien compris comment j'ai réussi à leur échapper. Au début, j'ai cru que c'était la vocation. À douze-treize ans, à force de voir votre mère se raccrocher à son prie-Dieu comme à une dernière bouée, à force d'être le chouchou du curé, à force, à force, on croit qu'un mec là-haut tire les ficelles, fait le tri entre les élus et les pas-élus et tient le bureau d'embauche pour les plus vernis. Je voulais bien être verni. Je voyais que curé n'était pas un mauvais métier. La soutane en jetait. Même s'ils n'allaient pas à la messe, les mecs des cités étaient

Le plouc miraculé

à genoux devant le curé et les bonnes femmes pliées en dévotion. T'étais logé par les Houillères, t'avais un jardinier et, quand tu le voulais, quelqu'un à la cuisine. À Noël, à Pâques, le jour des communions, tu faisais de bonnes rentrées, t'avais le téléphone et obligatoirement une voiture pour aller aux réunions avec les autres curés. En plus, les bouffes de curé, c'était restaurant tous les jours ! Y avait qu'à voir les étiquettes sur les bouteilles. Elles en avaient passé du temps en cave.

Le gros inconvénient : il fallait se lever tôt pour dire la messe devant des chaises vides. Enfin, comme disait ma mère, chaque boulot a ses corvées. Il y avait un autre inconvénient : t'as pas le droit de te marier. Je sentais qu'avec ma mère ce n'était pas le sujet à aborder. Encore moins avec le curé. Je me disais que la soutane devait aider à éloigner les femmes. Être élu, être verni, mais sans femme, me semblait mériter discussion. « Tu seras marié avec la Sainte Vierge », me disait ma mère. J'avais beau faire, cette perspective ne me semblait simple ni pour elle ni pour moi. Je ne me suis pas trop attardé. Quand j'ai commencé à dire que « je ferais peut-être bien curé », j'ai senti quelque chose de différent. C'était mieux que fonctionnaire, mieux encore qu'instituteur, et le chauffeur de car était depuis longtemps dans le fossé. D'un seul coup, je suis devenu le poulain du curé. Chaque paroisse se devait d'en avoir un pour plaire à « Monseigneur l'évêque ». Pour ma mère, c'était le miracle qu'elle attendait depuis la mort de mon frère sous les roues d'un forain. Triple alléluia. Faire plaisir à sa mère : quel enfant peut le refuser ? C'était non seulement

Bien entendu... c'est off

mon avenir que j'assurais mais aussi le sien. Elle serait devenue bonne du curé, nous serions allés de paroisse en paroisse, elle aurait été la mère de monsieur le curé. Mon Dieu ! Mon Dieu !

Autant dire que c'était le bon de sortie pour quitter la planète des « défavorisés » comme on disait autrefois. Même curé chez les ploucs, tu n'es plus plouc. Déjà, je sentais que j'avais franchi un palier. L'instituteur de la grande classe ne me regardait plus de la même manière. Il était prêt à multiplier les cours gratuits pour que je puisse entrer haut la main en pension. Au petit séminaire, rectifiait ma mère. Tout baignait dans l'huile sainte.

Je n'avais peut-être pas la vocation mais j'avais saisi que ma petite mère l'avait pour nous deux. Avant de commencer j'étais, à ses yeux, déjà évêque. C'est pas chez les gars du Nord, dans leurs usines, qu'on voit pareil avancement.

Je peux dire que ma petite affaire marchait du feu de Dieu. À onze ans, toujours avec mon année d'avance, j'entrais en pension en sixième, « au petit séminaire », rectifiait encore ma mère. Ce n'était pas un palace, mais il y avait un grand parc pour des parties de foot interminables à toute heure. Trois semaines loin de la maison, plus de fumées à l'horizon mais des terrains de foot, j'avais l'impression d'être libéré. Les week-ends, j'étais accueilli par le curé comme le pape, ma tenue d'enfant de chœur m'attendait avant qu'on ne me confie le gros harmonium pour faire chanter avec entrain les belles âmes rassemblées.

Dans cette pension, il y avait des curés partout. La première année, ils étaient en soutane. La

Le plouc miraculé

deuxième, au retour des grandes vacances, les mêmes mais sans. En civil. Nous avions l'impression qu'ils étaient à poil. Il a fallu au moins un trimestre pour que nous nous habituions. Le concile du pape Jean XXIII était passé par là. Plus de soutane ! Tous en clergyman ! Rompez les rangs. Sans soutane les curés faisaient moins chic et je confesse avoir éprouvé un froid. Être curé et habillé comme les autres, ce n'était plus du jeu. Cette révolution vaticanesque n'avait qu'un avantage : quand ils jouaient au foot, les curés, on pouvait enfin leur faire des petits ponts. C'était un détail, une affaire de techniciens mais je crois bien que les curés ont compris, sur les terrains de foot aussi, que leur prestige en avait pris un sérieux coup.

Avec soutane ou sans soutane, mes curés croyaient vraiment que j'avais pris pension chez le « Seigneur » pour un bon bout de temps. Ma mère, cornaquée par celui de la paroisse, leur avait expliqué qu'à la maison on ne roulait pas sur l'or et qu'il serait dur de payer chaque année les trois trimestres. Qu'à Dieu ne tienne, les curés reniflaient le bon élément. Ils nous ont fait des prix. Ils ne doutaient pas du retour sur investissement. Jusqu'à la troisième, je n'ai rien fait pour les contrarier. Messe tous les jours, retraite chaque année, confession chaque semaine, j'ai suivi minutieusement le parcours du combattant de la foi. C'était le seul moyen de payer mes études. Certificat d'études, brevet, latin, grec, musique, football. En attendant que le bon Dieu me le rende, je prenais ce que je pouvais. Je ne voulais pas lâcher la corde qui me sortait de l'enfer.

Bien entendu... c'est off

La troisième passée et assuré d'aller jusqu'au bac, je n'ai jamais dit aux curés que ma vocation branlait sérieusement dans le manche. Pourtant, ils commençaient déjà à parler de crise des vocations. On en avait vu quelques-uns rater la rentrée. Ils s'étaient « défroqués », disait-on chastement au réfectoire. C'était presque cochon. D'ailleurs, j'avais beau dire, j'avais beau faire, ce satané vœu de célibat me paraissait un sacré attrape-couillon. La pension n'était pas mixte mais quand je sortais je voyais bien que les copines de la paroisse avaient des atouts. Et puis je m'étais aperçu que nos chers curés eux-mêmes n'étaient pas insensibles aux mystères du sexe. Le curé infirmier m'auscultait le petit oiseau pour le rhume le plus anodin. Je devinais que la sainte mère l'Église finirait par y laisser des plumes. Je ne m'en faisais pas trop pour les curés. Je leur avais donné l'occasion de faire chaque année une bonne action en sponsorisant mes études, en m'aidant à sortir de ce qu'on appelait du bout des lèvres « mon milieu ».

Ce fut dur d'expliquer à ma mère que ma vocation était repartie au ciel. Je l'ai fait par écrit mais cela n'a pas été plus simple. Elle ne me l'a jamais dit mais j'ai eu l'impression de foutre sa vie en l'air, de l'enfermer à double verrou dans son univers. Adieu paroisse, bonnes œuvres, presbytère, honneur et sacrements, mais nom de Dieu je ne me sentais pas de devenir curé pour avoir la bénédiction de ma mère. Je n'avais pas menti. J'avais voulu m'en sortir. J'avais composé ma vie pour avoir droit à une autre musique. C'était une petite vocation d'enfant de rien du tout pour faire plaisir à maman

Le plouc miraculé

et ne pas s'ennuyer. À seize ans, je pouvais lui dire la vérité. Je ne savais toujours pas ce que je voulais « faire plus tard », mais ce que je savais, c'est que je ne voulais pas être curé. Pour le reste on verrait après le bac. Ce bac, le sésame des exclus. Eh bien ! je m'en suis allé voir.

V

Premières leçons de cour

Paris, été 80. Je ne me disais pas que j'arrivais dans le meilleur des mondes, mais j'étais convaincu d'arriver dans un monde moins mauvais, moins mesquin. Je me disais qu'enfin j'allais pouvoir vivre dans un monde de grands. Grande politique, grands hommes et bien sûr grands journalistes ! J'avais mes modèles en tête. De Gaulle à droite, Mendès à gauche, Beuve-Méry, Viansson-Ponté, Gilbert Mathieu, ce trio d'honneur du *Monde* pour ma carte de presse.

Je voulais croire que ces sacrés types avaient fait des petits, laissé des consignes, édicté des règles intangibles, écrit en secret des grands livres de recommandations que l'on pouvait consulter en cachette quand les affaires devenaient un peu compliquées. Je me souviens de mes premières poignées de main avec Giscard, Mitterrand, Barre, Chirac, Marchais, Chaban, Edgar Faure et même Lecanuet. J'avais beau me dire que ces types étaient fabriqués comme nous, qu'ils allaient là où nous allons tous, j'étais impressionné. Parce qu'à mes yeux, ils avaient mis le bout du pied dans l'embra-

Bien entendu... c'est off

sure de la porte de l'Histoire, qu'ils incarnaient des combats, des projets, des ambitions.

Je me souviens de mes premières immersions dans ma nouvelle confraternité parisienne. J'avais l'impression d'être admis à l'Académie française. Enfin, j'allais découvrir ce qu'était le vrai journalisme. Je m'amusais à mettre des visages sur les signatures prestigieuses, à savoir distinguer le confrère du *Monde* de celui du *Figaro*, à regarder les plus connus de cette confrérie s'employer à se faire reconnaître. Duhamel, Elkabbach, Levaï étaient déjà là. La grande Catherine Nay jouait les impératrices sur Europe 1.

Cette cour n'admet pas n'importe qui. Lorsque vous revêtez l'habit d'un journal de province à Paris, ne comptez point en faire partie. Vous pouvez regarder, c'est le seul privilège qui vous est octroyé. Dans les bureaux élyséens de *La Voix du Nord*, je suis resté trois ans. Trois ans durant lesquels un événement en cachait toujours un autre. Tous les journalistes politiques en parlent encore avec nostalgie. La vague rose de mai 1981, l'abolition de la peine de mort, les lois de décentralisation et de nationalisation, le congrès socialiste de Valence où l'on mettait les têtes à couper, la gauche qui voulait changer la vie à commencer surtout par la sienne, la droite entrée en résistance, c'était tous les jours la politique en cinémascope. Et personne à la cour ne l'avait prévu. Ne pouvant que la regarder, j'ai pu sonder son inépuisable capacité à se tromper avec entrain.

En cet été 80, les couleurs giscardiennes n'étaient pas encore passées de mode. Une campagne prési-

Premières leçons de cour

dentielle s'annonçait, forcément passionnante. Pour tout journaliste politique, c'est l'équivalent d'une coupe du monde de foot, d'un festival de Cannes, d'un grand prix de l'Arc de Triomphe. Stupeur, je ne découvre autour de moi que confrères résignés et déjà couchés sur leurs infaillibles pronostics. Inutile, à les entendre, de se prendre la tête : le Giscard n'aura qu'à se baisser pour récupérer un second septennat. C'est fait. C'est sûr. C'est inscrit. L'affaire des diamants, les déconnades du couple Coluche-Le Luron ne sont que du folklore. La politique, mon petit ami, c'est autre chose. Même à l'Élysée, on se disait en se marrant dans les soupentes qu'on pouvait partir en vacances pendant la campagne, qu'il suffirait de revenir la veille du second tour et être d'attaque pour le nouveau bail qui se préparait. D'ailleurs, il n'y avait pas un sondage pour dire le contraire.

J'étais évidemment refroidi : si tout était joué, cette campagne s'annonçait bien morne. Ces experts de la politique, ces diplômés de Sciences-po, ces docteurs ès République ne pouvaient pas se tromper. En tout cas moi, le « bleu bitte » de ce régiment, je ne me voyais pas mettre en doute la parole des anciens. D'ailleurs, preuve qu'ils n'avaient pas le cœur à la rigolade, ils en venaient à résumer la situation en langage de corps de garde : « On allait se faire chier ! » Ils en ont été encore plus sûrs quand, en janvier 1981, les socialistes ont désigné Mitterrand pour affronter le souverain Giscard. Mitterrand plutôt que Rocard, il fallait voir leurs tronches. Je m'en souviens comme si c'était hier. La scène se passe un samedi matin au troisième sous-sol de l'annexe du Palais Bourbon. Consternation générale chez les journalistes. Le « vieux » l'a emporté. Catastrophe, car Rocard est leur pote. Ils le tutoient, lui tapent dans le dos, ils peuvent rigoler avec lui, alors que « l'autre » les refroidit. Les journalistes n'en peuvent plus de ses retards, de son dédain et de son entêtement à ne pas vouloir débarrasser le plancher. Quelques jours avant, ils n'avaient pas été nombreux à assister à la traditionnelle cérémonie de vœux à la presse, au PS, rue de Solférino. Pour moi, c'était nouveau. Pour les autres, la corvée. Même avec champagne et petits fours, le « vieux » ne faisait plus recette. Dans les rédactions, la page du mitterrandisme semblait tournée, Guy Mollet n'était plus seul au cimetière du PS.

Rocard face à Giscard, voilà une affiche qui aurait pu faire vendre du papier. Mitterrand face à Giscard, c'était un remake de 1974. Mitterrand n'avait aucune chance. C'était du suicide. Un cadeau pour la droite. Une trahison pour la gauche.

Quatre mois plus tard, Mitterrand s'installerait à l'Élysée. Ce serait parti pour quatorze ans. Dès lors, changement de musique : Mitterrand était grand. Nouveau Jaurès. Nouveau Blum. Déjà « Tonton » s'avançait. Force tranquille et farce tranquille. J'étais en cours accéléré de politique et de journalisme. Je n'avais qu'à observer. Les mêmes qui copinaient avec Rocard, les mêmes qui s'étaient déguisés en petits marquis du giscardisme se firent, en ce printemps rose, valets de pied du nouveau monarque socialiste qui en éprouva quelques tenaces jubilations et se chargea en personne de la distribution des hochets.

Premières leçons de cour

Je le vois encore. L'un des premiers déjeuners qu'il offrit dans ses nouveaux murs fut pour les journalistes qui avaient suivi sa campagne. Il fit changer le plan de table pour mettre à sa droite Christine Clerc, madame *Figaro Magazine*, preuve de la magnanimité calculée et jouissive du nouveau Président étouffant sous les fleurs. Comment ne pas m'en souvenir ! Pour la première fois, j'avais le sentiment étrange d'approcher une petite cour, révérencieuse avec les puissants, dédaigneuse avec les faibles, mais d'elle-même jamais honteuse. Je n'ai pas oublié ce premier déjeuner à l'Élysée. Je n'ai jamais pu oublier non plus un déplacement en Auvergne quelques mois plus tard. Giscard, pour sortir de sa dépression, puisque c'en était une, s'était mis en tête de repartir à la conquête de ses électeurs de Chamalières et des environs par le sentier des cantonales. Celui qui, à Paris, se prenait pour Louis XV, avait quitté l'Élysée sous les crachats. La presse qui était la veille à ses pieds l'avait enterré et lui ne voulait pas mourir à cinquante-cinq ans. Je le revois dans cette arrière-salle enfumée d'une vieille auberge paumée, tentant de convaincre quelques paysans refroidis, avec une grande caisse en carton pour pupitre et seulement deux, trois journalistes pour procession. Selon que vous serez puissant ou misérable...

Je les ai regardés faire les confrères, pendant cette drôle de campagne présidentielle. Coriaces avec ce qu'ils appellent les « petits candidats », les bousculant, les mettant face à leurs contradictions. Bonasses avec ceux qu'ils appellent les « grands candidats ». Deux poids de traitement et deux mesures

Bien entendu... c'est off

de conscience. Avec les « petits », on se défoule. Avec les « grands », on roucoule. En 2002 rien n'a changé. Désemparés par la bousculade à leurs portes de candidats à leurs yeux pas ordinaires, ils ont fini par s'habituer à dame Arlette, installée à l'entrée des commodités des grands messieurs. Même le Le Pen, plus urbain avec eux — preuve ultime de sa fourberie —, parvient à leur arracher quelques égards. Mais les autres qui parlent comme des citoyens ordinaires de problèmes ordinaires, c'est d'un vulgaire !

Besancenot ? Facteur à Neuilly peut-être mais facteur quand même. Le chasseur Saint-Josse ? La voix de la campagne, la vraie, pas celle du Luberon ! Daniel Gluckstein qui, l'innocent, ose mettre en question le comportement des journalistes et même la dame Taubira qui est allée son chemin sans être une dévote des sondages ? La cour les regardait comme des rats de laboratoire, toisant de haut ces candidats de base. Chevènement, Bayrou, Boutin, Hue, Mamère, ils se méfiaient un peu et puis ceux-là font partie du circuit habituel, quoi qu'il leur advienne ils resteront de « bons clients ». Mais la cour a eu un problème. Elle voulait faire son plan de table mais elle pataugeait dans les sondages. Jospin et Chirac, un coude à coude dans cette marée de pronostics institutionnalisés, c'est le pire qui pouvait lui arriver. Les grenouilles ont besoin d'un roi, et vite. La cour a d'abord pensé que le citoyen Chirac allait passer à la guillotine des affaires. Alors les plus audacieux ont commencé de livrer à la plèbe les potions des sorcelleries mitonnées à l'Élysée. Par exemple, l'histoire du prompteur dont le petit cirque chiraquien ne se sépare jamais. La pratique durait depuis sept ans mais on n'a bien voulu nous en parler qu'au tout début de cette campagne.

Même les télés ont commencé à lâcher quelques plans plus larges pour montrer les carrés magiques de l'orateur Chirac. Quel courage ! Mais les sondages repartant à la hausse, l'armoire des petits secrets est vite refermée. Courage, taisons ! Avec Jospin, la cour a toujours été dans ses petits souliers. Elle se méfiait du lascar qui n'a jamais fait trop d'efforts pour la courtiser. Comment, sans son adoubement, cet acharné s'y est-il pris pour surmonter les obstacles ? Pendant ses cinq années record à Matignon, il ne s'est pas passé six mois sans que soit programmée sa fin prochaine. Il aura résisté jusqu'au bout. Alors prudence. Mais, vaincu, ce fut la curée ! La cour s'est vengée de ce personnage qui a déjoué si longtemps ses pronostics pessimistes. La cour n'est courageuse que devant ceux qui sont à terre. Un vieux journaliste m'a donné un jour ce conseil : toujours être le premier à inviter un homme politique battu, il s'en souviendra le restant de ses jours. Il avait raison. Il m'avait fait à sa façon comprendre que les usages de la cour sont faits pour être violés.

VI

La politique vue d'en bas

Dès le début, j'ai pensé au journalisme. Mais je me suis lancé dans le droit parce que mon meilleur copain était inscrit à Lille en première année. Le droit constitutionnel, passe encore, mais le Code civil était pour moi de l'hébreu. J'étais boursier, je pouvais perdre un an mais pas plus. À l'époque, les campus d'université ressemblaient à la banlieue de Moscou. Mai 68 était seulement passé en province, la plage, on a mis du temps à la trouver sous les pavés. Nous, dans le Nord, n'avons pas été tellement remués par 68.

De temps en temps on entendait bien quelques manifs venir gueuler sous les fenêtres de la préfecture d'Arras « Pompidou des sous », on voyait bien qu'il y avait du bordel à la télé, les bagnoles avaient du mal à trouver de l'essence, le « stop » c'était sportif, mais rien qui ressemble à une révolution. Coluche avait raison : « En 68, les seuls ouvriers qui étaient dans la rue, c'était les CRS ! » Les curés et ma mère se demandaient surtout si ceux qui étaient dans la rue à Paris auraient la peau du père de Gaulle. Quand ils ont vu la grande manif sur les

Champs-Élysées avec Debré et Malraux en tête du peloton, ils ont été rassurés. « De toute façon, répétait ma mère, ils sont trop bien, tous ces étudiants de Paris. » Son bon sens allait dans tous les sens mais je me dis aujourd'hui qu'elle n'avait pas toujours tort.

Étant parti de travers avec le droit, je me suis inscrit en lettres et — on n'était pas très regardant dans le privé — j'ai pu en même temps enseigner le français, l'histoire, la géo et même le travail manuel dans une petite boîte à curés, pas loin de mes corons. Je payais mes études et j'étais même nourri et logé puisque je surveillais aussi le réfectoire et un dortoir. Prof et « pion » : de quoi s'occuper. Je retrouvais les curés et leur bonne bouffe, les beaux chahuts de pension vus cette fois de l'autre côté de l'estrade, mais j'avais surtout la démonstration qu'enseigner est une vocation qui, là encore, ne m'avait pas touché. Il faut être un puits de patience et je sentais que même après des années et des années de classe, je n'aurais pas encore commencé à le creuser.

À bien y réfléchir, je ne sais pas ce qui m'a décidé. Un beau matin — façon de parler dans le Nord — je me suis vu journaliste. D'abord journaliste sportif parce que j'étais évidemment passionné de foot. Supporter du Racing Club de Lens, le club de la mine qui n'a jamais pu faire la paix avec les « bourges » du LOSC. Les Houillères sont parties depuis longtemps, mais la guerre dure encore. J'ai démarché, avec mes lettres écrites la langue pendante, les journaux, à commencer par le grand quotidien régional, *La Voix du Nord*, et aussi, suprême

La politique vue d'en bas

audace, ceux de Paris. Seul un type du *Figaro* m'a répondu. *La Voix du Nord* m'a proposé un stage dans « une locale ». La semaine de cinq jours arrivait dans les rédactions et il fallait renforcer les effectifs.

J'ai pris. Deux mois à la locale d'Arras. Deux conditions : avoir le permis, je l'avais ; savoir faire des photos, je ne savais pas mais je n'ai rien dit. Ils ont compris tout de suite. Mariages, centres aérés, remises de prix, tournois de foot, assemblées générales, sur mes photos, les abonnés avaient du mal à se reconnaître et franchement cela ne les faisait pas rire. Le plus dur, c'était le document exceptionnel, par exemple l'équipe qui remettrait un nouveau coq au sommet du clocher. Dans le Nord, quand un clocher n'a plus son coq c'est la fin du monde. L'été est le meilleur moment pour changer les coqs. On appelle *La Voix du Nord* et c'est le stagiaire qu'on envoie. Mes photos de coqs n'étaient vraiment pas fameuses. Heureusement, je sauvais la mise en allant récupérer la photo prise par le curé ou par le zingueur. Le lendemain, les cocoricos d'usage étaient dans le journal.

Le moment chaud du stage, c'était le 14 Juillet, les flonflons et les dépôts de gerbe au monument aux morts. Le stagiaire rencontre monsieur le maire, ses adjoints, le secrétaire général de mairie surtout qui vous file en douce le compte rendu tout tapé. Parfois le conseiller général, le député du coin et si vous êtes sur un bon 14 Juillet, monsieur le sous-préfet. Tous sur leur trente et un pour avoir leur photo dans le journal. Là, il ne faut vraiment pas se rater. Généralement, en un mois, le stagiaire

Bien entendu... c'est off

est au point, il a fini par piger que sur son foutu appareil existe un rapport entre la vitesse et l'ouverture.

Des maires, des députés, des sous-préfets, je n'en avais jamais vu. C'était, comme on disait chez nous, des « personnalités », et des personnalités ne traînent pas les corons. Mes personnalités à moi, c'était l'ingénieur des mines et, à la rigueur, le supérieur de pension. Les profs de fac, je les voyais de loin, du haut de l'amphi. Ils ne comptaient pas. Le 14 Juillet, je serrais la main aux personnalités qui tenaient à saluer le « représentant de *La Voix du Nord* ». J'étais dans mes petits souliers. En face d'eux, je n'avais qu'une obsession : « Pourvu que je ne rate pas leur photo. » Localier apprenti, j'avais fini par comprendre qu'à ce niveau, le choc des photos pèse plus que le poids des mots.

Le député du coin avait trouvé la combine. Le week-end, il n'arrêtait pas d'inaugurer, de remettre des coupes, de présider et de se taper les vins d'honneur ; il faisait sa provision de photos et le journal se chargeait de les écluser tout au long de la semaine. Il remplissait ainsi les pages même quand il se la coulait douce à Paris. Le lecteur avait l'impression que monsieur le député n'arrêtait pas de se décarcasser et que, vraiment, on ne pouvait pas trouver mieux. C'était il y a plus de vingt ans mais il ne faut pas se leurrer, la recette est toujours valable. J'ai vite compris que c'était un métier qui demandait d'être du bon côté du manche. Une leçon que j'ai toujours eu des difficultés à retenir.

Au bout de deux mois, on a jugé que je pouvais « faire » journaliste à *La Voix du Nord*. Mais seule-

La politique vue d'en bas

ment après m'être dégagé des obligations militaires. Classe 1973-74, à la citadelle de Lille. Régiment d'infanterie. Un an de service. 1974, c'était justement une année de campagne présidentielle. C'est là que je me suis mis à m'intéresser à la « grande politique » comme on dit chez les petits. J'apprenais sur le tas. En écoutant les copains de chambrée, en commençant à essayer de lire *Le Monde* qu'il fallait aller chercher tard le soir à l'arrière de la gare. Et en courant les meetings. Pompidou était enterré. Giscard, Chaban et Mitterrand vinrent faire escale à Lille. Ce n'étaient pas leurs premiers meetings, pour moi oui. Les foules rassemblées à la foire-exposition m'impressionnaient. Nous arrivions largement en avance et on nous faisait applaudir les « personnalités » qui se serreraient à la tribune. Nous attendions debout l'arrivée du candidat. Les militants militaient, les foules se passionnaient, les orateurs s'écoutaient et on finissait par une *Marseillaise* qu'on connaissait par cœur puisqu'il avait fallu l'apprendre pour le certificat d'études. La télé ne faisait pas encore la loi.

Ces rencontres étaient des événements, on voyait le candidat en chair et en os. On avait l'impression de toucher le cœur du pays. Mitterrand était troublant. Chaban se démenait comme il pouvait, mais on sentait déjà que le Giscard avait le vent dans le dos. La démocratie était encore une religion et j'allais pour la première fois à l'office. Je pensais que ceux qui avaient le privilège de s'adresser ainsi à de telles foules, enthousiastes et soumises, ne pouvaient pas mentir, promettre et oublier. Je pensais que la politique était une affaire de cœur, de

Bien entendu... c'est off

respect, de serment. Que ce qu'il y avait dans les slogans était vrai. Que les petites phrases qui faisaient les titres des journaux sortaient vraiment de leurs tripes. Que lorsque Giscard, avant de gagner, avait rétorqué à Mitterrand, à la télévision, qu'il n'avait pas « le monopole du cœur », cela lui était venu de la colère, de l'envie de lui clouer le bec, qu'il n'y avait pas une dizaine de mecs pour lui fignoler la fameuse petite phrase à servir chaud sur le plateau télé. Je ne savais pas que la politique était une science, qu'il y avait des écoles pour l'apprendre et plein de gens pour préparer les discours, surveiller les costumes et les cravates, qu'on dépensait des fortunes pour trouver les mots les plus simples possible.

On ne nous avait jamais dit que la politique était un métier, qu'il fallait être sélectionné, entraîné comme des chevaux de course, dopé comme des mules et qu'il fallait beaucoup d'argent pour se retrouver en haut des affiches !

Mitterrand ne s'était pas encore limé les dents et à la télé il faisait croque-mort. Et puis, avec les cocos derrière lui et ce que je savais d'eux dans mon coin, j'étais refroidi. Le meeting de Giscard à Lille avait été, comme on ne le disait pas encore, le plus sympa. Il avait moins de cinquante piges et sa gamine Jacinthe sur ses affiches nous changeait de Malraux et de la croix de Lorraine. Il ne paraissait pas « trop fier », jouait de l'accordéon, se déguisait en footballeur. De Gaulle à l'accordéon, Pompidou dans les buts, l'idée ne serait venue à personne. Encore moins à Mitterrand. Je ne savais pas que tout ça était « étudié pour ». Ce grand type faisait

La politique vue d'en bas

intelligent, promettait à chacun de le regarder au fond des yeux, voulait faire plaisir aux jeunes avec le vote à dix-huit ans et la pilule. Avec lui comme patron, la politique allait pouvoir passer du noir et blanc à la couleur, à l'instar de nos téléviseurs. Un détail clochait : voir ce tout-fou de Chirac accroché à ses mocassins. Un mec capable de trahir du jour au lendemain faisait désordre. Je ne savais pas encore que la trahison est la première discipline du métier. Enfin, on se disait que Giscard, si intelligent, devait savoir ce qu'il faisait avec ce grand escogriffe qui allait se retrouver à Matignon. On a vite compris qu'il ne savait rien du tout. Il voulait aller au centre, l'autre le tirait comme un dératé à droite. Il était simple de comprendre que l'attelage ne pourrait pas aller loin. C'était parti pour sept longues années.

La façon qu'avait Giscard de s'inviter chez les Français surprenait. Il fallait n'avoir jamais traversé un coron pour ignorer qu'avec les gens simples, on n'a pas besoin de faire si compliqué. On n'a jamais retrouvé les éboueurs de Paris qu'un matin Giscard avait fait rentrer à l'Élysée pour manger des croissants. Je veux une France décrispée, disait-il, tu parles ! Les éboueurs au Château n'osaient plus respirer. Giscard voulait bien faire, il avait tout faux. Il était de plus en plus content de lui et c'était son problème. À l'été 1976, Chirac en a profité pour lui claquer la porte au nez et le petit père Barre est apparu dans les dépendances. La giscardie, vue de province, c'était ça. On ne savait pas tout, mais aucun détail n'échappait.

Ceux d'en haut ne comprennent jamais que ceux

Bien entendu... c'est off

d'en bas sont toujours les mieux placés pour ne rien perdre de leurs bassesses. Les « locales » des quotidiens régionaux sont des écrans permanents. Tout journaliste, sorti ou pas de son école, devrait y passer un an obligatoire pour connaître la vie dans nos provinces, ses associations, ses commerçants, ses petits notables, ses petits élus, ses drames cachés, ses espoirs secrets. Un soir à suivre un conseil municipal, un autre l'assemblée générale de l'Union des communes du chef-lieu de canton, un banquet avec l'association des anciens combattants, un banquet avec les papys et mamies du troisième âge, bref vivre la vie de ceux qui ne disent rien mais qui en savent tellement. Au lieu de quoi, quand ils sortent de leurs écoles, ceux qui veulent embrasser ce métier de journaliste rêvent de se « PPDAiser » ou d'aller courir le monde, alors que le grand reportage dont ils rêvent commence à leur porte. Ce n'est pas tout à fait leur faute.

La vie, les grands quotidiens régionaux la regardent avec cette prudence de notables de province qui a découragé des générations de journalistes. Mariages, communions, enterrements, inaugurations, départs en retraite du brigadier-chef de gendarmerie ou du sous-chef de gare, les « locales » restent les trotteuses respectueuses d'un quotidien ordinaire et convenu. La locale « pépère » avec l'agenda des festivités ouvert par-dessus celui des réalités. Ne déranger personne, se contenter du tout-venant sans explorer le tout-caché, telle est trop souvent la loi imposée par des journalistes devenus bureaucrates qui ne rêvent que de promotion au siège du journal et ne veulent surtout pas

La politique vue d'en bas

d'embrouilles. Car ces journaux sont organisés comme la gendarmerie nationale. Commandants, grosses bagnoles, petites brigades, rompez. Les chefs de locale deviennent des notables, règnent sur leur petite troupe et créent des bataillons d'aigris qui ne livrent à leurs lecteurs que les miettes les plus digestes de ce qu'on a pu leur raconter. Il faudrait donner un grand coup de pied dans ces fourmilières éteintes mais beaucoup n'en ont plus le courage.

J'ai appris sur le tas, car, question politique, à la maison fallait pas trop poser de questions et dans le coin on ne s'en posait pas trop non plus, vu que chacun avait ses convictions et qu'elles se transmettaient presque comme un bien de famille. Tout en haut, il y avait de Gaulle : on était pour ou contre. Dans le coin, ça dépendait si t'avais le fiston en Algérie ou pas. Avec la télé, le tiercé, le curé et le café, le « grand Charles » était le meilleur moyen de s'engueuler avec le voisin. Des disputes qui n'allaient jamais bien loin, puisque personne ne changeait d'avis. Les petits écoutaient les grands en essayant de découper la tronche de l'intéressé sur le dessus des boîtes de Vache qui rit, une façon de ne pas trop se désolidariser. Y avait donc de Gaulle et le reste. Le reste, c'était les cocos de la commune qui, eux, n'avaient pas beaucoup de doctrine mais de la discipline à revendre. La ville était tenue.

Ceux qui n'allaient pas à la messe étaient pour la municipalité, ceux qui y allaient étaient contre, c'était simple. Il suffisait qu'une lampe ne marche plus dans le coron et on refaisait la révolution de 17. Quand ils ont imaginé un square Lénine, on l'a

Bien entendu... c'est off

vraiment frôlée, mais comme la mairie entretenait bien l'église, c'est passé. Les pontes du PC avaient compris le truc, du moins leurs chefs. On mettait les plus cons au pouvoir et comme on ne demandait à personne de souffler dans le ballon, tout le monde pouvait penser que « faire homme politique » à la mairie était donné à chacun. Suffisait d'avoir la carte et de la bouteille ! La politique modeste, les cocos n'avaient pas attendu le XXIe siècle pour se l'inventer.

VII

Les faussaires

L'ambiance dans ma petite ambassade du Nord à Paris était incroyable. J'ai mis un moment à tout comprendre.

Le chef était un camarade de Roger Holeindre qui allait devenir l'une des grandes gueules officielles du Front national. Il était chez nous comme chez lui. Le chef eut bien du mal à se remettre de la victoire de Mitterrand. Il voulait se barrer au Canada, tremblant de trouille de voir les chars soviétiques défiler sous ses fenêtres sur les Champs. Il y croyait dur comme fer. Ça fait rire aujourd'hui, mais on en était là. Comme beaucoup des grands titres de province, *La Voix du Nord* affichait officiellement une neutralité qui n'existe jamais et qui, en réalité, ne sert qu'à masquer de sérieuses pulsions droitières. Ce n'était pas une découverte pour moi. La vraie découverte, autrement plus grave, m'a pris plusieurs mois. Il m'a fallu un peu de temps pour réaliser comment se fabriquaient les articles.

Il y a plusieurs sortes de journalistes. Ceux qui sont couchés et ceux qui sont debout. Il y a aussi le secret le mieux gardé de la corporation : celui de sa paresse organisée. Dans cette noble ambassade de *La Voix du Nord* existaient trois règles. Règle numéro un : ne voir personne ! Règle numéro deux : ne jamais rater la pluie des dépêches de la sacro-sainte AFP ! Règle numéro trois : savoir découper les journaux parisiens ! Je finis par me rendre compte que les articles politiques et même certains éditoriaux n'étaient souvent qu'une terrine discrètement confectionnée avec les meilleurs passages des articles du *Monde* et, plus commode parce que moins lus, de *La Croix*, avec une pincée de papiers d'hebdos, le tout sur un fond de sauce de dépêches d'agence. Toute la subtilité consistait à trouver la petite phrase choc personnelle pour l'indispensable « reprise » dans les revues de presse matinales des radios qui font la pub du journal et entretiennent l'ego de ceux qu'on appelle les « grandes signatures » de la presse régionale. Grandes signatures et petits délits d'information qui naturellement existent toujours puisque jamais dénoncés. Beaucoup de régionaux ont fermé leurs bureaux à Paris par mesure d'économie sans doute, mais surtout parce que la bonne vieille méthode peut s'appliquer sans aucun souci depuis la province.

Lorsque j'ai commencé à en parler autour de moi, j'ai vite compris que cette grande paresse de la presse ne frappait pas que la province. Le plagiat est la plaie honteuse du journalisme français et n'a pas peu contribué à l'édification, dans ce pays, de cette « pensée unique » qu'on est si prompt à dénoncer par ailleurs. C'est toujours pareil, on se perd dans de grandes thèses alors que le principe est tout bête. On pompe dans la presse écrite. On pompe dans les radios. On pompe à la télé. Le système est bien huilé. La presse française est devenue une grande surface où chacun vient se ravitailler sans vergogne le matin aux rayons de *Libé* et, depuis quelques années, du *Parisien* et le soir aux rayons du *Monde*. Pendant des décennies, le grand journal du soir, comme on ne l'appelle plus, fut le fournisseur exclusif. C'était « le » journal de référence... et pour cause. Il l'est resté pour les journaux radios d'après 18 heures et les grands « 20 heures » des télés, ce qui n'est pas rien.

Le matin, on s'est mis à s'inspirer de *Libé*, puis *Le Parisien* est devenu un autre fournisseur agréé. Le plus grave, c'est que sont venus se fixer sur cette grande surface les haut-parleurs de France Info pour la radio, puis de LCI qui est la chaîne interne de télévision du microcosme. Les mêmes vraies et fausses informations se colportent plus vite et plus fort et, qu'on le veuille ou non, ce procédé est contraire aux règles les plus élémentaires du journalisme. Car on n'emprunte pas seulement les titres. Tout y passe, quitte à scier la branche sur laquelle tous sont assis. Les « gratuits » qui naissent aujourd'hui en France ne sont finalement qu'un aboutissement logique et plus honnête.

Car les Français ne se trompent pas lorsqu'ils ont l'impression de lire partout et d'entendre sur toutes les ondes les mêmes infos. Ce sont bien les mêmes commentaires, les mêmes discoureurs, les mêmes confidences, les mêmes petites phrases. Il suffit d'assister une fois à un congrès ou à un meeting. Les journalistes trient ensemble les informations. Ceux

Bien entendu... c'est off

des agences sélectionnent les mêmes déclarations. Ceux des radios s'accordent sur les mêmes « sons ». Ceux des télés cadrent les mêmes images. C'est simple, c'est commode et tout le monde se tient. Giscard, toujours fine mouche, avait le premier vu la faille. Ses discours lancèrent la mode du prémâché : les phrases importantes étaient soulignées, inutile de lire le reste, pas d'embrouille dans le message. Ainsi, à ces petits jeux confidentiels, les journalistes sont-ils devenus les premiers ennemis de leur liberté, mais surtout n'allez pas le leur dire !

Ainsi préparée, l'information politique se consomme par tranches, de dimanche en dimanche. La dernière campagne présidentielle n'a pas échappé à ce fast-food médiatique. La tranche de Chevènement qui lave plus blanc. La tranche de Chirac embourbé. La tranche du Jospin conquérant. Celle du Bayrou assassiné, de l'Arlette revisitée. Celle des trotskystes associés. Celle encore du Le Pen draguant ses parrains, du Chirac requinqué et pour finir, avant le premier tour, celle des sondeurs paumés. On tient la semaine et le lundi suivant, on efface tout et on passe à autre chose. Toutes les rédactions marchent comme un seul homme. Information jetable, en clip, en trompe-l'œil. Des bataillons de copieurs déployés à Paris et en province, dans les radios, les télés, face à une petite escouade de victimes consentantes, qu'aucun ordre de journalistes ne pourra jamais dénoncer puisqu'il n'en existe pas. Les « pompés » pourraient s'insurger mais ils ne le feront jamais, ayant compris que, dans cette partie truquée, la carte de leur journal devient automatiquement un atout maître. Si *Le*

Les faussaires

Monde et, de façon moindre, *Libé* pèsent aujourd'hui, ce n'est pas tant par leur diffusion, faible au regard des journaux étrangers, que par l'influence que ces titres exercent sur les autres rédactions. Les écoles de journalisme pourraient prévenir leurs ouailles innocentes, mais cette histoire n'est pas près de figurer dans leurs programmes.

J'aurais pu, moi aussi, rester tranquille et comprendre qu'être journaliste c'est raconter, dénoncer, s'insurger, traquer, condamner tout ce qui doit l'être chez les autres, mais ne jamais, au grand jamais, attenter si peu que ce soit à la grandeur de cette exceptionnelle confraternité qui vous a fait l'honneur de vous accueillir en son sein. Mes bureaux de *La Voix du Nord* étaient confortables, la voiture avantageuse, le salaire généreux, mais je ne me voyais pas pratiquer pendant des lustres ce journalisme de play-back. Les syndicats de la maison m'appuyaient ; aux trois cent cinquante journalistes de la rédaction, j'envoyais un document prouvant noir sur blanc les méthodes en cours dans leurs bureaux de Paris. Pour la direction, je devins l'empêcheur d'écrire en rond. Sachant tout, elle ne voulait pas voir. Pour seule réponse, elle finit par me « mettre en garde contre toute fréquentation assidue du milieu politique » ! Comme si on pouvait demander à un journaliste sportif de ne plus descendre dans les vestiaires. Je démissionnai. Plus de voiture. Plus de Champs-Élysées, mais pas de regret ! Ce métier peut être formidable mais sur son chemin escarpé trois traquenards vous guettent : le découragement, la frustration et surtout l'aigreur. Je le savais et ça me foutait la trouille.

Bien entendu... c'est off

La passerelle entre presse de province et presse parisienne est étroite. Ma chance a été de pouvoir la franchir sans encombre. En me réfugiant d'abord pendant quelques mois au service politique de *La Croix*, qui me réconcilia avec la profession et ses devoirs. Puis en ayant l'immense privilège, j'en avais conscience, de pouvoir prendre mes quartiers pour un long bail à l'intérieur d'une forteresse convoitée par la plupart de mes confrères.

VIII

Dans le temple du *Monde*

C'est le dernier grand prélat du *Monde*, André Fontaine, qui me signifia mon embauche officielle rue des Italiens. Je ne pus m'empêcher de repenser à ces heures passées dans la petite salle de lecture de mon pensionnat. De cette salle au bureau directorial du *Monde* dans lequel je venais pour la première fois d'être admis, je mesurais la béance de la fracture.

Le Monde ! Ce titre n'avait jamais été un rêve de gosse, pour la raison simple que je ne savais pas qu'il existait. Comment l'aurais-je su ? Il est facile de se plaindre, dans les beaux quartiers, de la dictature du « tout télé » sur les peuplades reculées de nos provinces éloignées. Lorsque l'argent manque pour se nourrir, se loger, s'habiller, s'informer devient un combat. Ma mère se sacrifiait pour pouvoir chaque semaine lire *Le Pèlerin Magazine*. C'était son seul luxe et donc, pour moi, le seul journal. Je le lisais de la première à la dernière ligne. Chaque semaine, j'avais rendez-vous avec Pat'Apouf ! Dans le voisinage, les plus organisés se cotisaient pour l'abonnement à *La Voix du Nord* qu'on se refilait à

Bien entendu... c'est off

l'heure de la « goutte d'jus » et encore pas tous les jours. Il y avait ceux qui investissaient dans *Nous Deux, Intimité, France Dimanche* pour se réconforter avec le malheur ou le bonheur des plus vernis, des têtes d'affiche et des têtes couronnées.

Les pauvres jalousent les moins pauvres mais ils envient les riches. *Le Monde, Le Figaro* et même *France Soir* n'existaient pas. *L'Express, L'Obs*, n'en parlons pas ! Même dans la salle d'attente du toubib, on ne les trouvait pas. Le grand mérite des pensionnats d'antan, avec ou sans curés, c'était aussi la salle de télé et surtout de la salle de lecture. Avec les journaux bien-croyants des curés et parce que, déjà, il cassait les prix, nous recevions *Le Figaro* en plusieurs exemplaires, premier journal de Paris à parvenir jusqu'à moi. Il en avait fallu du temps !

« À défaut d'une parfaite et irréalisable objectivité, face aux tentations de l'argent, aux empiétements du pouvoir, c'est l'alliance, l'émulation, la commune exigence de l'information et de l'informé qui restent la plus sûre garantie d'une information honnête et donc, malgré les erreurs çà et là inévitables, digne de foi. » J'ai retrouvé cette citation de Beuve-Méry dans un vieux bouquin sur *Le Monde* des années 70. Lorsque, sur les ruines du *Temps* collabo, le même Beuve fonda *Le Monde* en 1944, on raconte que de Gaulle ne s'en tint auprès de lui qu'à cette unique recommandation : « Je veux que ce journal soit un instrument de la conscience nationale. » Les deux n'avaient pas la réputation d'être bavards, mais pour le coup ils avaient tout dit !

Foi, conscience, de grands mots, presque des gros

Dans le temple du Monde

mots aujourd'hui mais qui vous persuadaient qu'en entrant dans ce *Monde*-là, vous entriez aussi en religion. Religion de l'information, religion de l'écrit, religion de la vérité. Les modes d'emploi, les chartes, les guides n'existaient pas, la bible du journal était encore non écrite. C'était un esprit, une tradition, une force, une attitude, un respect qui, immédiatement, vous tombaient dessus et que, d'une façon presque incompréhensible, vous ressentiez physiquement. On n'entrait jamais rue des Italiens comme dans un moulin. Sans doute était-ce ce qu'on appelait le poids de l'institution qui en imposait à l'extérieur comme à l'intérieur. Ce *Monde*-là s'inscrivait au patrimoine national, reflétant un art de penser bien français, nourrissant une conscience des élites, formant des générations d'étudiants et liant dans une incroyable dépendance vespérale des milliers de drogués. *Le Monde* n'était pas encore devenu un journal. Il « assurait » un quotidien. Comme l'avait dit poliment l'ancien ministre centriste Jacques Duhamel à propos de la culture, *Le Monde* était aussi « la part nécessaire dans une journée de travail pour en faire une journée d'homme ».

En entrant chaque matin rue des Italiens, vous ne manquiez pas d'y songer. Les journées n'y pouvaient être ordinaires. On ne vous promettait pas des fortunes. Il fallait être d'attaque tous les jours avant sept heures du matin, ne pas compter ses heures, vous ménager en soirée. Les bureaux de cette petite rue des Italiens ressemblaient à un squat, mais cela n'avait aucune importance. Faire partie des « gens du *Monde* », avoir accès à ce compagnon-

Bien entendu... c'est off

nage unique, pouvoir chaque matin vous donner l'illusion de grimper en haut du phare de la République. Qui n'aurait été volontaire pour ce champ d'honneur-là ! Le jour de votre installation, vous étiez présenté à la réunion des chefs du matin, tous debout dans un ordre strict, autour du bureau du directeur, au pied de la grande pendule déclenchant le contre-la-montre quotidien. Ensuite, vous était imposée une visite de courtoisie dans les étages afin de vous faire connaître et reconnaître.

Les femmes n'étaient pas nombreuses. Les anciens étaient vénérés. On les appelait « la mémoire » du journal. Vingt, trente ans sur la même rubrique, certains plus puissants que des ministres, s'imposant cravate et vouvoiement, ces deux signes de distinction du vieux *Monde*. Découpés en tous sens dans un acharnement à exploiter le plus petit mètre carré, ces étages avaient fini par ressembler à des cavernes de papier où chacun semblait se réfugier derrière des tonnes d'archives personnelles préservées comme autant de trésors de guerre. Le mobilier était de sous-préfecture. Les machines à écrire de gendarmerie. Les murs, quand on les voyait, d'un jaune crasseux, les moquettes fatiguées, les éclairages vaseux. Le seul luxe était, placé près du téléphone, le bouton d'appel des garçons d'étage créés pour ne point divertir les hommes des cavernes par des tâches subalternes. Ces lieux n'étaient pas communs. Le visiteur, fréquentant ce quartier des sièges de banques, ne pouvait qu'être surpris. Le décor, derrière l'horloge légendaire, était unique, rappelant chaque jour que le journalisme n'est pas du théâtre, mais la vie.

Dans le temple du Monde

Le service politique se situait à l'étage noble, le deuxième, juste au-dessus du bureau du « patron ». Beuve-Méry n'était plus aux manettes mais on pouvait encore voir le vieux monsieur gagner son modeste réduit du cinquième pour répondre à son abondant courrier. Sur son passage, le silence se faisait. La statue du commandeur. « Chaque jour, il faut remonter le tas de sable » : c'était sa façon, simple, de rappeler aux troupes qu'elles ne devaient pas se démobiliser, que jamais le grand manège de l'information ne cessait de tourner. C'était le temps où les journaux s'écrivaient sur des papiers qui allaient de main en main pour se parfaire dans la concertation naturelle et les saines engueulades. Entre sept heures et onze heures, tout le monde sur le pont, tandis que dans les soutes, les rotatives s'ébrouaient, remplissant d'aise mais aussi d'angoisse un immeuble de journalistes sur les dents.

Chacun à l'ouvrage, avec le réveil dans les oreilles, entre deux pots de mauvais café, éreintant les carnets de notes, passant les derniers coups de fil avant de se ruer sur les machines. Notre petit bonheur matinal. Un autre était de négliger les dépêches d'agence et d'ignorer superbement la concurrence. Le journal de référence se devait de ne point vivre dans la dépendance. On ne se le disait pas ainsi, mais telle était notre croyance. Un scoop pouvait s'annoncer chez les voisins, la doctrine était claire : toute nouvelle non parue dans *Le Monde* était considérée comme nulle et non avenue.

Il y avait aussi les petits plaisirs et les petits devoirs. Ne jamais oublier d'apposer le M. devant le nom propre d'un personnage vivant, qui faisait

Bien entendu... c'est off

dire que « monsieur » était le mot le plus employé dans le journal. Il importait de ne jamais citer une déclaration sans en préciser l'auteur. « On dit », « d'aucuns estiment », « on pense dans les milieux bien informés », « les proches », toutes expressions interdites de séjour. Les sondages pouvaient être publiés, mais les instituts n'étaient pas pris au sérieux. En tout cas, existait cette règle impérative : un sondage ne pouvait être invoqué ni a fortiori être sujet à commentaire dans un papier. Il était recommandé de toujours remettre à plus tard une information insuffisamment vérifiée. Aucune retouche dans un papier signé de votre nom ne serait opérée sans votre accord personnel, cela allait de soi. Enfin, il y avait l'art du « six-crochets », ce petit commentaire en lettres grasses, spécialité du *Monde*, qui pouvait délicatement se placer à la chute d'un article pour rectifier le rectificatif, relever une erreur, traquer une contradiction, rafraîchir une déclaration. Délice du journaliste, plaisir du lecteur et hantise du politique. Il fallait souvent se plonger des heures dans les archives pour commettre ce croc-en-jambe pouvant aiguiser les réflexions davantage que bien des éditoriaux.

En fin de matinée, une fois ses pages « bouclées », le service s'offrait d'autres rasades de café et de grandes gorgées de bonne humeur. Les « austères » du quotidien savaient, selon une formule consacrée depuis par Jospin, se marrer. Ils le cachaient bien. L'institution préserve ses secrets. Mitterrand, Giscard, Marchais, Barre avaient à l'intérieur leurs imitateurs, au point qu'un jour une productrice avertie nous proposa d'en faire un dis-

Dans le temple du Monde

que de variétés... On attendait avec impatience la tombée du journal. L'après-midi, quartier libre pour l'enquête, les rencontres, l'évasion et le lendemain matin, on repart en mer. En ce temps-là, le journaliste était libre de ses écrits et de son temps. Dans ce *Monde*-là, le journaliste n'était pas encore fonctionnaire, mais un peu artiste. C'était un beau bateau et le service politique un de ses meilleurs équipages.

Nous étions douze mêlant nos caractères, nos parcours différents mais emmenés par l'ambition d'être les meilleurs. Nous n'étions pas tous sortis du moule de Sciences-po. Les anciens, qui n'en étaient plus à leur première campagne, guidaient les nouveaux, le tutoiement avait fini par l'emporter autour de celui que nous appelions « Jean-Marie », qui ne s'était pas encore mis en tête de devenir Colombani. Le journal avait dû pourtant essuyer deux sacrés coups de grain. D'abord, cette détestable campagne menée, avant 1981, sur l'affaire des diamants qui contribua à la perte de Giscard, campagne animée par le directeur, Jacques Fauvet, que la passion conduisait à publier sur ce sujet traité avec des pincettes par les confrères de pleines pages non signées, mettant en cause également sa famille. Et puis cet accompagnement aveugle et sans retenue des premiers semestres mitterrandiens. *Le Monde* avait assassiné Giscard, pour se mettre à genoux devant Mitterrand. Frappés par tant de parti pris, des milliers de lecteurs désertèrent. Il fallut plusieurs années pour redresser la barre. Des journées portes ouvertes rue des Italiens frisèrent l'émeute.

Bien entendu... c'est off

Autant d'événements que je n'avais pas vécus mais qui, des années plus tard, restaient inscrits profondément dans la mémoire collective du journal. On avait eu chaud, mais tout *Le Monde* semblait s'être fait le serment de ne plus retomber dans pareils errements. La rédaction avait fini par retrouver ses marques. Le directeur, André Fontaine, ancien chef du service étranger, s'était imposé et en imposait. Le service politique était jalousé par le service étranger, mais cela faisait partie des traditions du journal. C'est dans cette rédaction qu'à l'été 1986 je me suis retrouvé plongé et les premières années furent de grand bonheur. Je ne pouvais savoir que j'étais en train de vivre dans un *Monde* qui allait disparaître, qui vivait un dernier sursaut moral et qui, petit à petit, allait se transformer en journal ordinaire, encore mieux fait que tous les autres, mais ordinaire.

Cela aura pris dix ans ! En me remémorant ces années passées rue des Italiens, j'ai presque l'impression de remonter à Mathusalem et pourtant c'était hier. Après presque un demi-siècle à la même adresse, le quotidien a déménagé rue Falguière, puis rue Legendre, rue Claude-Bernard ensuite, et ce n'est pas fini. Des douze du service politique de cette belle époque, plus un n'est en place. En même temps qu'il perdait ses murs, *Le Monde* a perdu sa mémoire, qui était l'un de ses principaux fonds de commerce. Il doit exister un esprit des lieux. Celui de la rue des Italiens n'a jamais pu être transféré.

Certes, en changeant de rive, la rédaction a gagné en confort, mais elle a perdu en chemin son esprit de corps. En étant contrainte de s'adapter aux nouvelles techniques, ce qui a des avantages, elle n'a pas vu qu'elle abandonnait un savoir-faire et un savoir-écrire. L'intendance partout aujourd'hui précède, avec des conséquences qu'on n'a jamais bien mesurées sur le travail des rédactions. En partant rue Falguière, *Le Monde* s'est mis au tout-informatique. Les écrans ont fleuri qui portent bien leur nom. À compter de ce jour, le journaliste s'est retrouvé à un poste de travail, avec les commodités de pouvoir insérer dans ses papiers tout ce qui était produit par l'extérieur et les inconvénients de ne plus pouvoir s'assurer du respect de ses écrits dans cette chaîne de production. Le journaliste est devenu un travailleur de l'information, avec devant lui une boîte à outils extraordinaire mais avec au-dessus de lui des censeurs anonymes. Dès lors le quotidien, pour une bonne composition, s'en est allé de formule en formule, affecté dans sa bonne marche par le syndrome bien connu de la réunionnite aiguë. Avant, un bon journaliste était celui qu'on ne voyait pas dans la rédaction. Aujourd'hui, un journaliste absent de son poste de travail devient presque suspect.

La force de l'écrit, c'était le temps. Le temps de la réflexion, le temps de la découverte surtout. Passer du temps à observer, à rencontrer, à converser, à attirer, à chasser, c'était pour ce plaisir-là qu'on ne choisissait pas la radio ou la télévision. Ce plaisir rare exigeait effort, flair, sensibilité, tout ce qu'on n'apprendra jamais dans une école de journalisme. D'un regard, pouvoir pousser son informateur à en dire plus. D'un sous-entendu, parvenir à happer

Bien entendu... c'est off

une vérité. Soupeser des émotions. Sonder les déceptions. Se confronter aux ambitions. Piégé par les contingences de son service, le journaliste politique devient un paraplégique de l'information, plus informatisé qu'informé, voyageant sur son écran mais ne dépassant plus jamais le périphérique, s'accrochant à son téléphone, écoutant tout le monde mais ne voyant plus personne.

Les arguments passent derrière la petite phrase qui fera mouche, le mot qui fera titre. Favorisant les beaux parleurs et les scoops sans lendemain. Avec son téléphone plus rapide que son stylo, ce journalisme-là ressemble à la radio : collecter au plus pressé des informations sans disposer du temps pour les trier. Une dizaine de coups de fil dans un après-midi et cela compose aujourd'hui, dans les meilleurs journaux, une enquête exclusive. Un seul coup de fil et vous avez un écho d'une centaine d'euros ! Trois bons numéros de fax d'avocats ou de juges d'instruction vous transforment en journaliste d'investigation.

Je me souviens du déménagement, rue Falguière. *Le Monde* passait Rive gauche. Pour beaucoup, c'était un déchirement. Avec son grand escalier roulant fendant un hall prétentieux, dès l'entrée on avait la certitude de grimper dans un autre train. Tout était équipé, climatisé, aseptisé. On passait du Pullman au TGV. Avec quelques années d'avance, *Le Monde* filait vers l'autre siècle, le drapeau de la révolution informatique accroché à son enseigne. Un bureau, un ordinateur, quelques stages intensifs devaient vous transformer en roi du clavier.

Ceux qui sont installés dans la tour de contrôle

peuvent expédier des plans de vol impératifs et s'accommoder comme ils veulent de la production des tâcherons d'en bas. Ceux d'en bas peuvent d'un doigt actionner le robinet de dépêches, déclarations, sondages, revues de presse, cette matière première prémâchée, préemballée, prête à l'emploi. Les journées se passent de plus en plus souvent devant les écrans magiques. Le reste du temps peut être occupé à des conférences de presse, à remplir votre agenda de déjeuners qui nourriront surtout votre ego et, plusieurs fois dans l'année, à combiner le plus agréablement possible vos séjours dans des lieux de congrès, d'universités d'été ou de journées parlementaires, ces rendez-vous incontournables du calendrier politique. Le tout, très important, en n'oubliant jamais de faire semblant d'être débordé.

Le journalisme politique est un journalisme confortable mais, pour la sauvegarde de l'espèce, cette réalité relève du secret défense. Confort de vie, confort de l'esprit, que peut-on rêver de mieux ? C'est quand j'ai admis cette situation que j'ai commencé à éprouver le triste sentiment de devenir une sorte de joueur de *game-boy*, surfant sur le flot de nouvelles préformatées et plongeant dans un journalisme virtuel. Je ne pouvais pas en vouloir à la technique. Car elle n'est pas au fond si idiote. Ce virtuel s'était depuis longtemps incrusté dans toutes les têtes, cet aspect du jeu politique qui finit par vous débrancher complètement de la vie ordinaire. Jeu si facile, si plaisant, si grisant !

IX

Dépucelage journalistique

«Journaliste au *Monde*», «journaliste du *Monde*», d'un seul coup, c'est aussi votre nom qui s'inscrit en gothique. Vous faites partie des meubles de la République. Vous n'avez plus à vous justifier de quoi que ce soit. Le sceau du journal devient un formidable sauf-conduit. J'allais réaliser qu'après six années passées à Paris, il m'avait été donné de ne voir que la face émergée de l'iceberg politique. Maintenant je pouvais découvrir la masse qui dérive en profondeur.
Pour les politiques, j'étais des leurs puisque à mon tour anobli et admis à la cour. Digne de confiance donc et de confidence. Pouvant faire honneur à toutes les tables, dans tous les palais et boudoirs secrets, puisque lié, pensaient-ils, par les intérêts supérieurs de ma noblesse toute fraîche. Quoi qu'on professe dans les écoles de journalisme, je m'aperçus tout de suite qu'il était plus facile de travailler au *Monde* que partout ailleurs. J'appelais un ministre, je l'avais en direct. Mes agendas se chargeaient de numéros personnels. On ne me refusait pas les tête-à-tête. En même temps, j'étais,

Bien entendu... c'est off

comme par enchantement, adoubé par la petite chevalerie journalistique de Paris qui se proposait sans gêne de m'initier à son art de vivre. Et à son sens politique si français, car elle ne peut supposer qu'à votre tour vous n'y succombiez point.

Mon arrivée au *Monde* coïncida avec la première cohabitation, celle de 1986. Jacques Chirac était à Matignon et François Mitterrand au balcon. Rue de Valois, le nouveau ministre de la Culture s'appelait François Léotard, aujourd'hui retraité volontaire de la politique et reparti pantoufler dans notre haute administration. En ces années 80, le jeune premier de Fréjus prétendait incarner une nouvelle façon de faire de la politique. C'était la période flamboyante de la « bande à Léo », lui par-devant avec sa bonne gueule d'ancien moine, Madelin pour tenir la boîte à idées et Longuet pour actionner le tiroir-caisse. Bien sûr, ce n'était pas ainsi qu'on les présentait dans les journaux. Ils étaient nouveaux, ils voulaient être sympas et ils avaient de gros moyens. La presse, face à ce trio néolibéral, était toute chose. Elle n'était pas loin de considérer qu'il représentait ce qu'il y avait de mieux sur le marché et lui prédisait un destin national. Présidentiel pour Léotard et imposant la bande comme modèle à suivre à droite comme à gauche. Cette équipe n'aura pas révolutionné la politique mais elle pourra se vanter d'avoir, à sa façon, provoqué la débandade journalistique.

Premiers jours au *Monde* et première invitation bristolée à venir déjeuner au ministère autour du nouveau locataire avec quelques confrères triés sur le volet. Beau décor. Beau menu. Autour de la table

Dépucelage journalistique

je suis le seul à ne pas tutoyer celui qui invite et personne ne semble en être gêné. Vouvoiement avec moi, tutoiement avec les autres, François Léotard jongle allégrement avec les prénoms et je me crois à un déjeuner d'anciens potes de régiment. Tout le monde flingue tout le monde, sous le camouflage du *off*, cette règle de base du journalisme français qui en fait aura fini par imposer de taire le plus important. « *Off the record* », « c'est entre nous », « je ne vous ai rien dit », « vous en faites ce que vous voulez, mais ce n'est pas moi qui parle ». Combien de variations autour de ce *off* hypocrite et insupportable ?

Le déjeuner se termine et c'est alors seulement que je comprends pourquoi le ministre nous a conviés à banqueter. « Mes chers amis, je voulais vous dire de ne pas hésiter à vous adresser à moi pour vos invitations à la Comédie-Française, à l'Opéra et pour les vernissages dans les musées nationaux. » De l'art d'épater et d'appâter les bancs de chroniqueurs nageant toujours entre deux eaux. Quelques semaines plus tard, j'ai tenté le coup. Deux places pour la Comédie-Française, s'il vous plaît ! Ça a marché ! C'est d'un pratique ! Les meilleures places déposées à domicile par estafette spéciale. Mais je ne voulais pas céder à ce luxe, ayant encore les moyens de me fournir en places ordinaires. Le système, pourtant, s'était amélioré avec invitations pour les cérémonies des Césars et soirées privées au Festival de Cannes.

Je voyais où Léotard et ses acolytes voulaient en venir. Des mois plus tard, ils me firent la guerre parce que j'avais dénoncé leurs petites trahisons et

Bien entendu... c'est off

leurs stratagèmes. Ils avaient décidé de plomber la candidature de Barre à la présidentielle de 1988, pour se vendre au plus offrant qui, déjà, s'appelait Chirac. Il était (très) mal vu de l'écrire noir sur blanc. Il y avait pourtant tant de choses à dire ! Sur leurs accointances avec le CNPF entretenues par un ancien du service de presse de la maison, l'omniprésent Michel Calzaroni qui voulait tout voir, tout savoir, jusqu'à faire et défaire les titres dans les journaux à la botte. Sur leurs actions bien placées à TF1 surveillées par la très gentille Claire Chazal, considérée par eux comme une vraie petite sœur. L'attaché de presse de Léo, Gérard Lavergne, devint d'ailleurs le parrain de son fils : ça renforce les liens.

Et puis, il y avait le nerf de la guerre, cet argent qui coulait à flots pour nourrir le grand cirque de leur printemps libéral et ces voyages à l'étranger qui devaient bâtir la stature internationale du futur grand homme. J'eus droit ainsi à une semaine, tous frais payés, à New York et Washington. Une semaine à faire les soldes et les musées, à courir les meilleurs restaurants, en attendant que Reagan veuille prendre deux minutes de son temps pour serrer, devant les photographes réquisitionnés, la main du *Frenchie* qui n'avait traversé l'Atlantique que pour cette image qu'il voulait mettre dans son album de présidentiable. Tout ça pour ça ! Ce fut le thème de mon reportage. Ils devinrent fous ! Je racontais ce qui ne se racontait pas. J'étais libre. Alors, ils réclamèrent ma tête à la direction du journal qui ne s'en laissa pas conter. Je fus frappé de boycott. On ne devait plus me voir, plus me parler. Carton rouge ! Je pou-

Dépucelage journalistique

vais mesurer les limites des amitiés d'un clan qui avait parfaitement théorisé les dérives d'un système. Je dois le remercier aujourd'hui pour cette leçon qui me mit à l'abri de bien des tentations. Depuis, Léotard et Longuet ont connu le destin que l'on sait. Et voilà maintenant que celui qui, durant des années, tira les ficelles de la marionnette Léo, Renaud Donnedieu de Vabres, ministre furtif — pour cause de mise en examen — du bon monsieur Raffarin, va devoir rendre à son tour quelques comptes. Giscard ne s'était pas trompé. « Qui dit bande, dit débandade », avait-il glissé un jour.

Combien de déjeuners, de petits déjeuners, de dîners après cette scène de dépucelage médiatique rue de Valois, je ne sais plus, mais ce que je sais c'est que tout déjà s'était trouvé sur la table. J'ai compris à partir de ce jour que la politique était d'abord l'art de se servir des médias. Le tutoiement entre politiques et journalistes, cet insupportable tutoiement, devenu signe de ralliement d'une caste, assurance tous risques et gage de compréhension mutuelle. Ah ! la belle affaire, paraît-il. Je tutoie, tu tutoies, nous nous tutoyons. Pas devant micros et caméras, ah ! ça, non, surtout pas. Jamais ! Il faut que le « tu » reste entre soi. Le peuple requiert quand même quelques mises en scène. Ainsi un Grand Jury RTL-*Le Monde*, rendez-vous politique du dimanche soir si prisé. Vous venez dans les studios une demi-heure avant. L'invité arrive, on se tutoie. Pendant les pages de pub, on se tutoie. Après l'émission, pendant la collation où tout le monde se pousse autour de l'invité pour lui dire que, décidément, il est le meilleur, on se tutoie.

Bien entendu... c'est off

Tout à coup la petite lumière rouge du direct s'allume : on se vouvoie. Pareil sur Europe 1, sur n'importe quelle radio, sur tous les plateaux de télévision. Pareil aussi pour les interviews dans les journaux. On dit « tu », on écrit « vous ». Petite gymnastique facile, entendue par avance. Tours de passe-passe convenus qui ne gênent personne. Tout le monde, dans ce milieu, finit par tutoyer tout le monde et le comble, c'est que si vous ne le faites pas, vous passez pour un bégueule, un pisse-froid, entre autres amabilités. « Pourquoi vous ne me dites pas tu, vous ne m'aimez pas ? » J'ai encore à l'oreille cette réflexion d'un centriste sensible qui voulait être ministre, Bernard Stasi. Les confrères le tutoyaient, je le vouvoyais, et il ne le comprenait pas. Que m'avait-il fait ? Rien bien sûr !

N'ayant jamais eu le tutoiement facile, je pouvais, pour une fois, me considérer comme avantagé. « Faut pas mélanger les torchons et les serviettes », disait-on chez moi. Adage populaire répandu qui, à la réflexion, tient sans doute plus du principe de précaution que de la vérité vraie. Toujours est-il que parvenu dans les cuisines politiques je ne m'imaginais pas cédant à un rite qui allait au fil des années devenir de rigueur. J'avais appris dans quelques guides des bons usages en société que le vouvoiement s'imposait comme marque de respect et de distance, et il me semblait correspondre au milieu dans lequel j'arrivais. Respect. Distance. J'aime bien ces deux mots. Je m'étais un peu renseigné.

Personne ne s'était jamais risqué à tutoyer de Gaulle, même Michel Droit pourtant bien vu mais incapable de tomber dans de tels travers. Vous ima-

Dépucelage journalistique

ginez : « Alors Charles, sur quoi veux-tu que je t'interroge demain soir ? » Personne non plus ne tutoyait Giscard, et Mitterrand envoyait aux pelotes tous ceux qui s'y essayaient. On vouvoyait les « grands », alors je ne voyais pas pourquoi on allait tutoyer les « petits » qui, eux les premiers, pensaient avoir vocation à devenir « grands ». Je m'étais donc donné pour règle de vouvoyer les hommes politiques. Je dirais « monsieur le Président » au Président, « monsieur le Premier ministre » au Premier ministre présent ou passé, mais je n'irais pas plus loin. Je ne sais pas pourquoi, mais dire monsieur le ministre, monsieur le député, monsieur le sénateur, je n'ai jamais pu. Cela me semblait une marque de respect trop appuyée. J'ai tenté de m'y tenir et j'avoue que cela n'a pas été simple.

X

Au bonheur du *off*

Aux petits déjeuners, déjeuners, dîners, les assiettes en débordent ! *Off the record.* Confidentiel. Secret. À ne jamais répéter, du moins pas à plus d'une personne à la fois. C'est la première chose que j'ai découverte en arrivant à Paris. Le *off*, c'est l'heure où chacun s'approche au plus près de sa vérité ; où les sentiments purs et impurs sur les hommes et les choses se laissent aborder. Le *off*, c'est l'œil en coulisse, la langue qui n'est plus de bois, la tête qui se libère, les consciences qui s'exonèrent. Le *off*, c'est la cabine de déshabillage du politique où les vérités peuvent se mettre à nu mais d'où certains ressortiront habillés pour quelques hivers. Les politiques ne sont courageux que dans la clandestinité : Balladur s'épanchant sur les insuffisances de Chirac, Barre s'amusant de la suffisance de Giscard, Rocard éprouvé par le cynisme de Mitterrand. *Off* d'hier et *off* d'aujourd'hui : Strauss-Kahn assassinant Martine Aubry (et réciproquement). Sarkozy poignardant Juppé (et réciproquement). Villepin, du temps de sa permanence dans la tour de garde de l'Élysée, fusillant les

Bien entendu... c'est off

« connards » de droite. Les derniers communistes ployant sous la connerie de Hue. Les derniers centristes confondus par la profondeur du vide de Douste-Blazy. La droite disant du mal de la droite. La gauche disant du mal de la gauche. Les ministres torpillant les ministres. Mer contre Lambert aux Finances, Ferry contre Darcos à l'Éducation, Kouchner ironisant sur Guigou, sa tutelle, du temps de Jospin : le *off* agit comme le dernier sérum de vérité de la politique. Une vérité jamais exposée puisque savoir se taire est devenu la suprême qualité d'un journaliste politique voulant être reconnu et admis. Si tous ces petits délits d'initiés ne faisaient pas les délices de la cour, Chirac serait-il arrivé là où il se prélasse depuis 1995 ? Et aurait-il été reconduit ?

Bien sûr, on savait tout sur lui, mais à quoi bon l'enfoncer puisqu'il n'avait aucune chance d'être élu ! À quoi bon se mettre mal avec celui qui, de toute façon, resterait maire de Paris et donc toujours susceptible de rendre des services ! On savait tout : les caisses noires, les prébendes, les privilèges. On savait depuis des années que, pour peu que l'on cherche, on pourrait tout trouver dans ce grand bazar de l'Hôtel de Ville. Des fonctionnaires craquaient. Des élus parlaient ou, s'ils ne le faisaient pas, leur train de vie parlait pour eux. Ce n'était plus un mystère que Paris avait été mis en coupe réglée, que la capitale fournissait l'essentiel du capital du RPR. Il n'y avait qu'à se baisser pour ramasser l'information.

Mais quand la presse se baissait devant Chirac, c'était pour s'incliner et le *off* reprenait le dessus. La presse municipale parisienne était inféodée,

Au bonheur du off

anesthésiée par les petits avantages et les grands voyages. Pendant des années, *Le Monde* accepta que cette actualité municipale parisienne soit couverte, ou plutôt recouverte, par un dénommé « Perrin » qui n'était autre que le fils du député de droite de Paris Pernin, et qui allait suivre l'exemple paternel et quitter le journal pour devenir maire du XIIe arrondissement ! Le changement d'une consonne avait suffi à brouiller les pistes pour le lecteur et mettre délibérément le journal dans une impasse. Bien des fois, au service politique, nous nous sommes plaints qu'aucune enquête ne soit diligentée sur cet hôtel de ville d'où sortaient des odeurs de plus en plus fétides. « On allait faire », mais rien ne vint.

Au sein du service, la rubrique RPR était de surcroît, depuis des lustres, aux mains d'un compagnon, homme délicieux, mais d'abord compagnon : André Passeron, « Dédé » pour les intimes. Le couvercle n'avait aucune chance de se soulever. Avec lui comme chambellan, Chirac pouvait dormir sur ses deux oreilles. Chaque fin d'été, le « Dédé » nous le « remontait sur son cheval ». S'il ne savait pas quoi dire, André Passeron, lui, trouvait. Une interview ? Pas de problème ! Il posait des questions et refaisait les réponses ! Au RPR, tout le monde était toujours beau et gentil. Avec sa vraie flamme gaulliste, notre cher « confrère » s'est acharné à entretenir la grande illusion Chirac. Passeron n'était pas grand. Lorsqu'il le croisait dans les couloirs de l'Assemblée, Chirac lui déposait délicatement un petit baiser sur le front. Il pouvait. Car, non content de veiller à sa situation en béton au *Monde*, Passeron

Bien entendu... c'est off

présidait l'influente Association de la presse parlementaire.

Lorsque j'ai compris le système, j'ai pensé que cet accord de non-agression, jamais avoué bien sûr, était le codicille du pacte fondateur du journal entre Beuve-Méry et de Gaulle. Je voulais encore croire qu'on se situait sur le terrain d'une certaine noblesse. Pas du tout ! Avec des hommes à lui dans la place, Chirac avait tout simplement réussi un temps à cadenasser la curiosité du *Monde*. En tenant *Le Monde*, il tenait la place médiatique parisienne, puisque ce ne serait pas au *Figaro* qu'on lui chercherait noise. Pour de si éminents services, « Dédé » a toujours cru qu'il serait récompensé. Il espéra la présidence de Radio France, il convoita celle de l'AFP, mais la légendaire amitié de Chirac bute toujours sur ses petits intérêts particuliers. « Dédé » était trop précieux là où il se trouvait pour qu'on le récompense en le faisant déménager. Le pire, c'est qu'il n'aura pas vu Chirac président. Mort d'avoir trop fumé, tous ses espoirs avaient fini aussi par partir en fumée. Il en savait trop pour y croire encore.

La France pouvait-elle se permettre Chirac ? Il ne le pensait plus. « Fût-il vêtu de pourpre, le singe est toujours singe », dit un proverbe indien. André Passeron fut mis en terre six mois avant la présidentielle de 1995. À l'église, Jacques Chirac était au premier rang, avec la famille, avec Alain Juppé. Le futur Président avec son futur Premier ministre. Lequel Juppé avait aussi, alors, de sérieux doutes sur les chances, et plus encore les capacités, de Chirac. « De toute façon, blaguait-il, s'il est élu, on ne le

Au bonheur du off

laissera s'occuper que de la Corrèze. » La légèreté, l'inconstance de Chirac, tout cela on le savait aussi. Son besoin d'avoir toujours auprès de lui une canne blanche, qu'elle s'appelle Juppé, Monod, Villepin ou Pasqua, ou encore Marie-France Garaud. Ses tribunes, ses entretiens toujours assurés par les petites mains de l'ombre. Les travaux de réfection permanents, obsédants de son image. C'était le plus grand secret de polichinelle du microcosme.

Quand vous discutiez, comme cela arrivait souvent, de Chirac avec Giscard, Barre ou Delors, tous n'avaient qu'une hantise : le voir arriver à l'Élysée. Si Balladur s'est décidé à vouloir y aller, c'est sans doute parce que sa tête a gonflé mais c'est aussi parce qu'il a pris conscience du danger en voyant le phénomène de près. Marie-France Garaud m'avait un jour expliqué pourquoi elle en voulait tant à Pasqua d'avoir, dès 1981, poussé Chirac au plus haut sommet de l'État. « Juillet et moi, on a réussi à en faire un Premier ministre mais on a compris qu'on ne pouvait pas, pour le bien de ce pays, le monter plus haut. Sinon, c'était l'histoire du cheval de Caligula. » Tout le monde le savait. Et pourtant, il s'est trouvé des penseurs, des journalistes, des communicants pour croire encore en 1995 à un nouveau Chirac, presque de gauche, chiraquien de la fracture sociale, brancardier des blessés du pays. Ils lancèrent leur petit club « phare et balises » avant d'assurer la promotion *urbi et orbi* du Chirac nouveau qu'ils donnèrent à déguster comme le beaujolais. Ils s'enivrèrent et finirent, comme tant d'autres, avec la gueule de bois. Plus de phare, plus de balises pour cette présidentielle de 2002. Leur

Bien entendu... c'est off

petit club, sept ans plus tôt, avait eu une autre utilité : s'opposer à l'entreprise de propagande balladurienne du trio Duhamel-Colombani-Jaffré. Tous avaient les moyens d'écrire ce qu'ils pensaient, ils ont préféré se liguer secrètement. C'était *off* !

Ce qui se passe entre les hommes politiques, entre les hommes politiques et les journalistes, entre les journalistes est donc *off*, toujours *off*, tranquillement *off*. Tellement pratique ! Chirac est parvenu à passer entre toutes les gouttes, jusqu'à ce que la justice s'en mêle. Il était temps alors que *Le Monde* fasse ses gros titres — dix ans plus tard ! — sur les affaires de l'Hôtel de Ville, les libertés en tous genres prises par la petite famille Chirac. Cela faisait plus de trente ans que Chirac était aux affaires et dans les affaires. Il a été élu et réélu Président et la presse en est encore à attendre que la justice fasse un travail qu'elle aurait pu entreprendre bien avant. Mais c'était *off*. Il ne fallait pas le dire. Il fallait trop de temps, trop de moyens pour mener l'enquête ! *Le Monde*, qui traite sans indulgence le Président désormais — et c'est un euphémisme —, s'étonne pourtant à chaque titre concernant la gestion de Paris de ce qui s'est passé, oubliant de quelle bienveillance il a autrefois entouré le système chiraquien. La presse ne cesse de s'émouvoir de ses fausses découvertes ou de ces tacites entendements. Comme elle a joué la surprise lorsque fut révélé le passé de Mitterrand sous Vichy, ses amitiés personnelles compromettantes avec certains dignitaires pétainistes. Mitterrand avait été ministre sous la IVe République, avait participé à quatre campagnes présidentielles et personne n'avait eu le début d'une

Au bonheur du off

petite curiosité de s'interroger sur ce qu'il avait vraiment fait durant la guerre ! Tout avait pourtant été ébruité par les gaullistes, publié par la presse d'extrême droite dès les années 60. Mais personne n'avait voulu rompre avec les règles du jeu avant Pierre Péan. Cette leçon n'a même pas été retenue.

C'est même pire. L'homme politique s'est tellement habitué à ce que le journaliste politique ne révèle jamais rien, à ce qu'il reste calfeutré dans son laboratoire de science politique, à ce que sa curiosité ne franchisse jamais les limites du convenable, de l'entendu, ne contrevienne jamais aux intérêts supérieurs de la caste, qu'il peut passer par toutes les phases du désarroi lorsque sont bafouées les règles du petit jeu.

Phase violente lorsque, en plein congrès socialiste, des parlementaires du Pas-de-Calais voulurent me faire la peau, il y a quelques années, pour avoir révélé les dessous du système Percheron, ce sénateur tout-puissant tenant d'une main de fer une fédération qui n'a plus de socialiste que le nom. Percheron a toujours été présenté comme l'un des grands pourvoyeurs d'idées du parti, le dignitaire sachant traduire les préoccupations des masses populaires. J'ai démontré qu'il n'a pas que la passion des idées et que cette fédération ne se borne pas à cultiver le militantisme. J'ai raconté ce que l'on m'avait expliqué en long et en large sur place, comment tous ces militants socialistes d'une région que je connaissais si bien étaient abusés par des dirigeants qui ne dirigeaient plus que leurs petits intérêts trébuchants. C'était pour eux insupportable. Ce n'était pas, toujours le grand mot, « digne du

Bien entendu... c'est off

Monde ». J'étais, et c'était définitif, un « journaliste de poubelle ».

Il y a aussi la phase conciliante. Coup de poing d'un côté, main tendue de l'autre. Jack Lang se serait bien vu candidat des socialistes à l'élection présidentielle de 1995. Delors avait dit non, Jospin se tâtait encore, il avait pris ses repères avec le concours d'une partie des mitterrandistes de l'Élysée. Ils y croyaient dur comme fer, brandissaient les sondages. La presse serait, comme toujours, à sa disposition. TF1 savait que c'était un bon client, le coup paraissait jouable. Mais panique en coulisse. Daniel Vaillant, qui était alors le numéro 2 du parti, me confia qu'une telle candidature serait « moralement insoutenable ». Je voulais savoir. On voulait bien me livrer quelques confidences mais, évidemment, « c'était tout *off* ». Alors, des rocardiens me parlèrent dans le détail des fonds secrets. Ils évoquaient de façon sarcastique le train de vie ministériel. D'autres fonctionnaires allèrent plus loin. J'accumulais les témoignages, tout en sachant que ceux qui s'étaient confiés à moi jureraient ne m'avoir jamais vu et qu'il est très difficile, sur ces sujets délicats, de démêler le vrai du faux et ce qui relève de la rumeur, de la manipulation ou de la... vérité.

Je savais d'ailleurs qu'on ne pouvait pas toucher aux Lang, que le seul éditeur qui s'y était essayé était suisse et que ce livre était resté enfoui dans l'anonymat.

Ce *off* m'était insupportable. Je manquais de munitions. J'étais à la limite de la faute, au sens du hors-jeu dans un match de foot, mais à mes yeux

Au bonheur du off

c'était une question d'honneur, de déontologie professionnelle. Je décidai de raconter ce que l'on m'avait raconté. Inquiet, Jack Lang ne savait comment m'approcher. Je n'avais accepté aucune de ses invitations, il ne pouvait pas m'amadouer. Quelques estafettes du service culturel du journal me furent expédiées : « Qu'est-ce que je voulais à Jack ? » L'épisode le plus extravagant eut lieu fin 1994. L'une de ses filles — comédienne dans le civil — demanda avec insistance à me rencontrer. Avec gentillesse avant de se soumettre à la pantomime de la jeune fille en pleurs, elle me mit à la question : « Pourquoi voulez-vous faire du mal à Papa ? » Je n'en suis pas encore revenu !

Il décida finalement de ne pas être candidat. Dans le milieu, tout est toujours *off*. Lors de la composition du premier gouvernement Jospin, Claude Allègre, qui était dans les cuisines, prenait les paris que Lang n'en serait pas, que sa présence serait contraire aux principes que son ami entendait afficher. Trois ans plus tard, en mars 2000, c'était lui, Allègre, qui serait remplacé au ministère de l'Éducation. Par Jack Lang. Des conseillères de Jospin allèrent pleurer dans son gilet pour éviter ce retour, mais Jospin n'entendait déjà plus ceux qui lui voulaient du bien. Viré, Allègre pouvait s'en remettre. Remplacé par Lang, c'était très difficile. Quelques mois plus tard, il me passa un coup de fil pour dénoncer certaines pratiques de son successeur. Je n'ai pu m'empêcher de sourire. C'était encore *off*.

Lorsque j'ai appris que le Percheron du Pas-de-Calais avait, lors des élections législatives de juin

Bien entendu... c'est off

2002, fourni une circonscription en béton à l'indispensable Jack, j'ai pensé que rien ne changerait avant longtemps. La boucle était bouclée. Le voici donc député de Boulogne-sur-Mer, nouveau parrain d'un nouveau Mellick, annonçant qu'il s'en va jeter ses filets dans les couches populaires, prêt s'il le faut à quitter le bateau socialiste devenu à son goût trop confortable. D'ailleurs, il vient de le révéler, Jack n'aime pas les « dîners mondains » : il préfère la fréquentation des rudes travailleurs de sa circonscription et le goût des moules-frites. Formidable ! Tant qu'il y aura des *off*, Lang sera insubmersible, la presse continuera de le flatter et les électeurs applaudiront notre meilleur bateleur !

Off pour tous ! Tous pour le *off* ! Mais il peut aussi y avoir des dérapages qui s'apparentent alors à des affaires d'État. Lorsque Jospin, en rentrant de son déplacement de campagne à La Réunion, début mars 2002, décrit devant les journalistes de sa suite un Chirac « vieilli et usé », ce n'est évidemment pas pour que cette conversation se retrouve dans les journaux et sur les ondes sitôt son atterrissage. La règle vaut sur terre comme dans le ciel. D'ailleurs, les premiers articles parus n'en soufflent mot, jusqu'à ce que les dépêches de l'AFP, bien des heures plus tard, après l'encouragement implicite du chargé de presse, Yves Colmou, lâchent ces petits morceaux choisis de franchise jospinienne. Pourquoi ? La question agite immédiatement le milieu, avec regards appuyés du côté de l'Élysée. Que les Français sachent enfin, grâce à ce *off* parti en vrille, ce que Jospin pense vraiment de ce Chirac qu'il a depuis cinq ans devant lui, qu'ils commencent alors

Au bonheur du off

à trouver la campagne intéressante, le microcosme ne s'en soucie guère. Ses agents et scrutateurs n'ont qu'un seul souci : à qui profitera le crime ?

L'affaire tourne à la farce. Jospin ne veut pas assumer, explique que ce genre de propos ne lui ressemble guère mais prend garde de ne pas charger des journalistes qui doivent encore servir. Lesquels journalistes ne sont plus tout à fait sûrs d'avoir entendu ce qu'ils ont rapporté. Toute la caravane se met à se chamailler sur le respect de la ligne jaune de son *off* de malheur. Tout cela pour deux petits mots, pour une once de vérité négligemment abandonnée par-delà cette muraille habituellement dressée entre ceux qui savent et ceux qui voudraient savoir mais ne sauront jamais ! Elle n'est pourtant pas infranchissable ! Quand on veut, on peut, m'a toujours dit ma mère. Cette muraille, n'a-t-on pas su la fracasser pour aller livrer bataille à Le Pen, à ses troupes et ses obsessions ? On a eu le courage de dire, d'enquêter, de disséquer, de prévenir. Dès ses premiers succès en 1984, on s'est mis en route et ça n'a pas traîné. Tout y est passé. Personne ne peut dire qu'il n'a pas su.

On a raconté à quel personnage on avait affaire, d'où il venait, jusqu'où il prétendait aller, de quelle armée pitoyable il s'est entouré. On a enquêté à tout-va. Ses héritages, son château, sa fortune astucieusement gérée, sa guerre d'Algérie, sa passion pour la musique hitlérienne, ses financements, tout y est passé. On a disséqué ses programmes, ses discours, les productions de ses annexes fascistes. On s'est abonné aux torchons de l'extrême droite. On a fait témoigner ceux qui avaient approché de près

Bien entendu... c'est off

ce jouisseur de la méchanceté et de la perversité pour qu'à leur tour ils expliquent, ils préviennent. On l'a traqué sans relâche pour faire tomber le masque. *Le Monde* était en première ligne et nous en étions fiers. Avec Le Pen, pas de *off*. Jamais de *off* ! Tout était bon à dire et à savoir. Il fallait aller au contact, comme disent les militaires, alors nous y allions.

Les camps de jeunesse de Holeindre, les universités d'été, les soirées en smoking quand Le Pen voulait devenir respectable en draguant les diplomates de Paris, les congrès, les meetings où l'on se faisait chahuter lorsqu'on ne se levait pas pour saluer l'arrivée du Duce. Les déjeuners avec Mégret, Gollnisch, Le Chevallier, qui déjà se haïssaient, avec Yann Piat, un mois avant qu'elle ne se fasse descendre dans le Var et qui savait bien qu'elle était menacée. Et les entretiens avec Le Pen ! Lui, c'est un cobra. Pour lui faire cracher son venin, il faut jouer de la flûte sous ses babines. Je lui donnais à tour de bras du « monsieur le président », ça lui faisait prendre sur-le-champ vingt centimètres, il ne me voyait plus, il ne parlait plus qu'à lui-même. Dans son nid d'aigle de Saint-Cloud, il s'imaginait dominant Paris, dominant la France. Je devine qu'il doit toujours faire le même numéro, ses grandes jumelles de marine braquées sur Montmartre et sa blanche basilique. Pourquoi cesserait-il ses bravades ?

En le poussant au second tour de la présidentielle, des millions de Français l'ont fait rajeunir de dix ans. En toute connaissance de cause et c'est bien le plus terrible. Ils savent tout de lui mais ils votent pour lui. Plus rien de ce que la presse

Au bonheur du off

raconte sur les dérives du lepénisme ne semble avoir prise sur l'opinion. Tout ce travail pour en arriver là ! En s'escrimant à vouloir tout dire sur Le Pen, la presse a tenu son rôle, mais ce rôle ne tient plus quand les mêmes s'évertuent à en dire le moins possible sur les autres. Confusément, l'opinion sent bien qu'on veut lui cacher des tas de choses. Tout sur Le Pen, mais si peu partout ailleurs, et voilà comment on en a fait une victime. Si le zèle mis à débusquer les ennemis de la République ne se retrouve jamais pour confondre ses charlatans et ses profiteurs, la presse ne pourra plus continuer longtemps, comme elle l'a fait entre les deux tours de la présidentielle, à battre sa coulpe sur la poitrine des autres. Le Pen est devenu une exception journalistique. Il serait temps d'étendre à d'autres cette exception.

XI

Liaisons incestueuses

La mode a commencé à faire fureur en mai 1981 quand la victoire de Mitterrand expédia à l'Assemblée une vague rose de députés de gauche sortis d'une très longue nuit d'opposition. Ces années de résistance à la droite avaient renoué les liens avec des journalistes parfois mieux disposés envers ceux qui s'opposent que pour ceux qui dominent. Surtout, arrivait dans l'hémicycle une masse de profs d'université, de lycée, de collège et même d'instituteurs de la laïque, peu avertis des usages en vigueur, certains même oubliant le port obligatoire de la cravate dans les enceintes républicaines. Ces enseignants-camarades, enivrés par le succès, firent comme chez eux, comme dans leur bahut, comme dans leur section. Le bon vieux tutoiement des collègues prospéra. Comme l'heure était quasiment à la révolution rose, les journalistes s'y prêtèrent avec professionnalisme et, mieux ou pire, les jeunes mousquetaires de droite, les Millon, Séguin, Toubon, d'Aubert et bien d'autres, qui tentaient d'établir une dernière poche de résistance dans ce Palais-Bourbon submergé, n'hésitaient pas à s'y mettre pour qu'il ne soit pas dit qu'ils n'étaient pas dans le courant de l'Histoire.

Quelques années plus tard, s'imposa une autre mode : celle des universités d'été. Jusqu'alors, les calendriers politiques étaient rythmés par les congrès pour les militants et les journées parlementaires pour les élus. S'ajoutèrent ces fameux rendez-vous, une idée des centristes à l'origine, qui fut par la suite adoptée par la plupart des autres formations politiques « tellement-qu'elle-était-bonne ». Université parce qu'il s'agissait au départ de former les jeunes de ces partis à la politique. D'été parce que la trouvaille était de leur faire prolonger, à prix cassés, leurs grandes vacances dans un endroit des plus agréables. Les centristes avaient bon cœur. Leurs militants portaient le bermuda fleuri. Leurs militantes l'inusable jupe plissée mais cela n'empêcha pas de concevoir assez vite quelques petits militants du futur. Car le concept a vite dégénéré.

Les jeunes ne devinrent plus que figurants dans un décor monté pour les premiers tours de chant de rentrée des ténors de l'écurie. L'ambiance devint de moins en moins studieuse, de plus en plus estivale et disons familiale. Enfin ces universités d'été devinrent de formidables pièges à journalistes. Une petite semaine fin août, à la montagne, au bord de la Méditerranée ou de l'Atlantique — puisque jamais personne n'a songé à planter les tentes du côté de Roubaix-Tourcoing —, les hommes politiques sans chemise et même parfois sans pantalon, décontractés quoi, avec épouse et enfants (ou maîtresse seule), les journalistes bronzés, c'est ainsi que ces universités d'été sont devenues l'un des princi-

Liaisons incestueuses

paux rituels du sérail. D'un point de vue strictement politique, ce furent rarement des événements mais là n'est pas l'essentiel. Encore que si, un jour, une émission comme *Strip-tease* s'amusait à planter ses caméras dans ces lieux chic, le sujet ferait de l'audience. Il y aurait à voir et à commenter. Car tout y est fait pour favoriser un relâchement bien sympathique et se confectionner de belles cartes postales (secrètes).

Ces universités d'été pourraient être sponsorisées par le Club Med, Trigano ne se retournerait pas dans sa tombe. Tout y garantit du bon temps. On en repart avec dans son sac de plage plein de souvenirs émus à vous réchauffer le cœur. Les plans de table des déjeuners et dîners nourrissent plus de commentaires que les discours. Les bords de la piscine sont chauds. Les tournois de tennis disputés. Très tard, ces journées de grande réflexion s'achèvent en boîte sur des rythmes endiablés ou langoureux, avec pénombre intime. Car pour être politique ou journaliste, on n'en est pas moins homme ou femme. Évidemment se vouvoyer sous un parasol, au bord d'une piscine, sur un court ou en dansant, cela revient à se balader avec un haut-de-forme dans un camp de nudistes.

On peut résister bien sûr. Demander à loger à l'extérieur du club, s'en sortir par des pirouettes, mais les traquenards sont partout. Lorsqu'ils étaient encore de ce monde, les jeunes giscardiens avaient aussi leurs universités d'été organisées sous la banderole Pierre et Vacances, financier connu du giscardisme déclinant. Giscard en était à chaque fois l'invité vedette. Je le vouvoyais. Il me vouvoyait.

Bien entendu... c'est off

Quand il m'invitait chez lui rue de Bénouville sur le coup de cinq heures, quand il me demandait si je voulais du « thé au lait » ou du « thé citron », j'avais l'impression de passer un grand oral. Lors d'une de ces universités d'été, un déjeuner de presse, regroupant quelques-uns de ses jeunes, est organisé. La discussion va son cours et soudain, je l'entends m'interpeller : « Et vous, Daniel, qu'est-ce que vous en pensez ? » C'était la première fois qu'il me faisait le coup. Il n'a plus jamais recommencé. Le mal, lui, était fait. Pour tous les gamins, il était évident que le Président avait le journaliste du *Monde* dans sa poche. Qu'auraient-ils pensé, s'il m'avait aussi tutoyé ? C'était un temps où leur Président pensait revenir au pouvoir et ne laissait rien au hasard. Il est des détails qui peuvent tuer.

Progressivement, perfidement, ces lieux sont devenus des ateliers de formation au copinage, avec multiples séances de rattrapage durant l'année. Car les politiques ont compris quels avantages ils allaient en tirer et ils ne se sont pas arrêtés. Le malheur des journalistes a été de ne pas réaliser quelle part d'eux-mêmes ils allaient y laisser. Pour les politiques, tutoyer c'est déjà s'abaisser. Ils le savent mais ils s'en foutent tant que les Français derrière leur télé ne se doutent de rien. Pour les journalistes, tutoyer c'est déjà se compromettre mais ce n'est même plus un problème. Les anciens tutoyaient jadis les politiques, parce qu'ils avaient soit fait la guerre sous le même uniforme, soit fréquenté les mêmes écoles. Ça pouvait se comprendre, mais chacun, depuis, a su trouver ses bonnes raisons. Moi aussi j'avais les miennes. Malgré le petit avertissement de Giscard, par deux fois je me suis fait avoir, puisque, en définitive, il n'y a pas d'autre mot.

J'ai connu Charles Millon simple député, pas encore président du groupe UDF à l'Assemblée nationale, pas encore ministre de Chirac, pas encore empêtré dans les sables mouvants de l'extrême droite. Au contraire, il entendait incarner une droite ouverte, sociale et libérale, et se posait en principal missionnaire du barrisme. Nous nous sommes très vite tutoyés. J'avais une bonne raison : il se pensait atteint d'un mal irrémédiable et dans sa circonscription sa tête avait été mise à prix. Il donnait le change, mais l'homme était à terre. Je ne pouvais que compatir. Fort heureusement, il retrouva la santé, mais moi je ne pus jamais retrouver la bonne distance journalistique avec lui. Il me prenait pour son conseil, son poisson pilote, son confident. Lui comme moi avions perdu nos marques.

Au même moment, j'ai rencontré François Bayrou, alors simple gratte-papier chez les centristes, pas encore député, pas encore patron de parti, pas encore convaincu de son destin présidentiel. Nous nous sommes tout de suite tutoyés. Même âge, même origine modeste, même passion pour les belles lettres. Nous nous entendions bien, mais au fur et à mesure qu'il a grimpé les marches de la politique, c'est devenu beaucoup plus compliqué. Il commençait à être obsédé par ses passages à la télé et la couleur de ses chemises. Je sentais que je devenais un instrument de sa promotion. *L'Heure de vérité* était, sur France 2, la grande émission à ne pas rater, la consécration médiatique. Pour son premier

Bien entendu... c'est off

passage, je fais donc, pour *Le Monde*, un portrait de l'étoile montante Bayrou intitulé « L'homme pressé », portrait peu flatteur mais que je pensais juste, « trop juste » comme le confia un de ses proches. Le papier est publié, l'émission se passe.

Pendant plus de trois ans, je n'ai plus eu aucune nouvelle de l'« ami » Bayrou. En bon Béarnais, il s'entêta à m'ignorer. Je n'existais plus. Plus de rendez-vous. Plus de déjeuners. Plus de coups de fil. Nous nous sommes revus une première fois pour un Club de la presse sur Europe 1. C'était pittoresque. Je lui posais des questions, il me répondait sans me regarder. Pas un mot avant l'émission. Pas un mot après. Il se passa encore un an avant qu'il ne demande à me voir, en 1994, au ministère de l'Éducation pour envisager quelques ouvertures auprès du Parti socialiste... Nos relations ne furent plus jamais les mêmes. Il jugeait que « je lui avais manqué ». Il considérait que j'étais son ami et je ne l'étais plus. Nous n'avions pourtant jamais passé de vacances ensemble. Quand nous dînions, c'était toujours en tête à tête et au restaurant. Mais, comme avec Millon, le simple tutoiement avait suffi à effacer les indispensables repères entre le journaliste que j'étais et les hauts responsables qu'ils prétendaient devenir. Ces deux expériences m'ont définitivement convaincu que l'amitié entre les politiques et les journalistes est impossible, puisque jamais elle ne pourra se situer sur le terrain de la totale franchise. Si vous parlez d'amitié à un politique, il ne comprend qu'utilité. Il n'y a pas lieu de s'en plaindre. Il fait son métier. Aux journalistes tout simplement de faire le leur !

Liaisons incestueuses

Ainsi averti, je n'ai pas eu trop de mérite à ne plus retomber dans le panneau. Et pourtant, les spécialistes du tutoiement sont légion. À gauche comme à droite. Le champion toutes catégories étant sans conteste l'actif Sarkozy. On voit où cela l'a mené. On conçoit qu'il ait fait des émules chez ses pairs. Avant d'avoir des idées, il s'est mis à tutoyer tout le monde, tout le temps, en tous lieux, sauf évidemment à la radio et à la télé. Sans jamais se poser de questions. Il me recevait : « Bonjour, comment vas-tu ? » Je répliquais invariablement : « Bien et vous-même ? » Cette réponse suffisait pour imposer le vouvoiement dans nos échanges mais ne suffisait pas à éviter qu'il recommence le même cinéma la fois suivante, dans l'espoir que, de guerre lasse, vous vous laissiez prendre à son stratagème. Car en réalité, le tutoiement n'est qu'un début. Les consœurs sont sujettes à des traitements particuliers, parfois même très particuliers, pouvant mener à une certaine confusion des genres. D'abord on se tutoie, ensuite on s'embrasse et après on voit. Bisous par-ci, bisous par-là, avec un petit problème cependant pour les initiés : à la télévision, sur les images montrant par exemple les arrivées dans les réunions, les attroupements dans les couloirs de l'Assemblée ou les attentes dans les états-majors, on ne les entend pas se tutoyer, mais on les voit s'embrasser.

Le soir du premier tour de la présidentielle de 2002, un œil avisé pouvait même observer quelques grandes sœurs journalistes consolant sur leurs frêles épaules quelques pontes socialistes secoués par la chute de la maison Jospin. En face aussi, on pouvait

Bien entendu... c'est off

s'apercevoir qu'avec la gent journalistique féminine, Chirac a le baiser facile, au demeurant une très vieille habitude chez lui. Sur ce point, il n'a pas attendu les conseils avisés de sa fille et encore moins les recommandations de la prude Bernadette pour exploiter consciencieusement le filon inépuisable, et dit-on insondable, de son charme. Autant il s'est toujours méfié des journalistes hommes, autant il ne s'est jamais vraiment gardé de confondre les genres avec leurs homologues femmes qui voulaient bien se laisser faire. Et disons que, compte tenu de son exceptionnelle longévité en politique, elles furent un certain nombre à céder ! Elles gagnent dans l'affaire quelques substantiels avantages et l'occasion de faire des papiers « bien informés » ! Parfois même une promotion. Lui s'est octroyé durablement l'image du gars sympathique et sexy, qui allait beaucoup lui servir. Une réputation qui s'est traduite par un chiffre : « Douze minutes, douche comprise. » Ce qui était assez flatteur par rapport au sobriquet dont les mêmes consœurs avaient parfois affublé Giscard : « Atchoum ! » Mitterrand, c'était « le papouilleur ». Pourtant celui-ci, comme Chirac, comme Giscard, a su exploiter aussi à son avantage la tendresse non strictement professionnelle de quelques journalistes pas trop farouches.

Dans le métier, la « promotion canapé » est une réalité bien française. Elle peut même bénéficier parfois au complaisant compagnon officiel de ces dames. Certains hommes politiques — Barre, Balladur, Jospin entre autres — n'ont cependant pas pu, ou pas voulu, s'adonner à ces jeux interdits. Sur ce point, je dois préciser que j'avais été suffisamment

Liaisons incestueuses

informé pour ne point trop commettre d'impairs avec les chères consœurs. Pierre Charpy, un vieux et sacré journaliste qui tenait *La Lettre de la Nation*, organe de diffusion des idées du RPR, et connaissait parfaitement les deux bonshommes, m'avait dit : « Chirac et Mitterrand n'ont qu'un point commun : la braguette. » J'avais pris cette sentence à la lettre. Le plus pittoresque fut de voir leur débat télévisé du second tour de la présidentielle de 1988 arbitré par Michèle Cotta. On préféra encenser le professionnalisme de la sympathique « Michèle », ancienne présidente de Radio France, puis d'une Haute Autorité qui allait se transformer en CSA et qui, par la suite, allait être imposée par Chirac comme chroniqueuse politique sur RTL, en remplacement de l'intenable Philippe Alexandre, avant d'hériter de la direction générale de France 2. Ce genre d'histoire distrait le petit milieu mais ne gêne personne. Ce qui gêne, c'est que l'on puisse être gêné. Gêné que des femmes de ministre puissent régenter de grandes émissions politiques sur nos chaînes de télévision. Gêné que la future Mme Juppé ait eu, pendant des mois, la charge de la rubrique RPR à *La Croix*, ce journal ayant été, il est vrai, averti en dernier de cette nouvelle idylle. Gêné que la campagne de Chirac et ses activités élyséennes soient commentées, sur France 2, par une grande amie de l'ancien rival, Philippe Séguin.

La cour tient à ses jeux et les jeux tiennent la cour. Se vautrant dans tous les accommodements possibles, inimaginables pour la plèbe, inconcevables à l'étranger. Cette exception française ne connaît pas de limites, car le personnel politique a su, pour son plus grand bénéfice, cerner celles de la petite classe journalistique accrochée à ses basques. Ce n'était d'ailleurs pas sorcier. D'abord et avant tout, le journaliste politique a une soif permanente de reconnaissance. Lui appelle ça le « virus politique », alors que ce n'est que fascination irréfléchie et donc maladive pour le pouvoir ou ce qui y ressemble. Il vit dedans. Avec lui. Pour lui. Sans air mais avec de grands airs. Il se décalque, n'existe que par procuration, sombre dans la schizophrénie. Comme les politiques, son ego est à vif. Il est contaminé. Sauf que le sien n'est jamais remis en cause par une élection, mais que, bien pire, il ne tient qu'à la mince ficelle d'une réputation et d'une signature toujours provisoires. Car voilà son drame, il finit par croire que les politiques l'aiment pour ce qu'il est. Il ne veut pas savoir que les politiques ne l'aiment que pour ce qu'il représente. Combien de lecteurs ? Combien d'auditeurs ? À ce jeu, les dupes seront toujours du même côté.

XII

Combines et dépendances

Les caciques du microcosme l'ont compris, alors ils y vont de bon cœur. Le menu des petits agréments est devenu primordial pour s'assurer, comme ils disent, une « bonne presse ». Des journalistes bien nourris, bien logés, quelques belles soirées entre amis et cela vous fait un bon congrès ! Autant de recettes éprouvées tout au long de l'année à Paris. Un journaliste jaugera sa cote à la qualité de la table à laquelle il sera convié. À grand journaliste, grand restaurant, c'est le premier cours élémentaire du métier. On peut petit-déjeuner, déjeuner avec les politiques, mais dîner oblige le journaliste à passer, en remerciement, quelques plats. On ne dîne jamais avec les politiques impunément. On en vient à servir d'autres mets que la politique et insidieusement c'est le glissement progressif vers une certaine intimité. On se présente les dames, on parle des enfants, déjà vous êtes hors jeu. La partie n'est pas jouable.

Les politiques sont devenus des experts de ces feintes et de ces astuces. Pierre Botton qui avait un des meilleurs clients de la place, son ex-beau-père

Bien entendu... c'est off

Michel Noir, me racontait une technique éprouvée pour donner le beau rôle aux journalistes, les mettre en confiance et les confirmer dans leur importance. Avant de les convier par petites fournées à dîner, on faisait lire au maire de Lyon — qui voulait être président de toute la Gaule — un petit dossier de presse comprenant les derniers articles commis par ses convives, plus quelques autres remontant à quatre ou cinq ans que ceux-ci avaient de grandes chances d'avoir oubliés. Le dîner se passait, Noir parlait de l'actualité. Au milieu du dîner, Noir se préparait. Quand Botton lui donnait un petit coup de jarret sous la table, c'était le moment de leur remémorer ce qu'ils avaient écrit, il y a longtemps, ce avec quoi, forcément, il n'était pas d'accord. Enfin, au dessert, Noir devait poser la question rituelle : « Et vous, cher ami, que pensez-vous de la situation ? » et laisser la conversation courir tout autour de la table. Technique éprouvée montrant que chez les politiques, rien avec les médias n'est laissé au hasard.

Noir avait fait mieux, puisque, dans ses années de splendeur médiatique, les journalistes pouvaient aussi apprécier sa compagnie durant l'été. Une villa fut louée très cher, à Saint-Tropez. Ce fut le début des ennuis de la petite entreprise Noir et associés. Les vacances chez eux constituèrent, quelques saisons, le *must* journalistique, une façon de bronzer utile. Personne n'en revint blanc. Puisqu'il y avait les universités d'été, on pouvait bien prévoir, avant, quelques généreux cours de rattrapage. La mode des vacances communes sur les bords de la Méditerranée ou dans le Luberon — les deux endroits où

Combines et dépendances

on se doit de se retrouver pour la comédie légère des beaux jours — était lancée. Le succès ne s'est plus démenti. Poussé en avant, Noir, avant ses misères, avait eu un tel retour sur investissement auprès des médias que ce stratagème estival fut jugé convaincant. Les hommes politiques sont à l'affût de tout ce qui peut faire bouger les journalistes vers eux, les mettre dans les meilleures dispositions. Faire de la politique, avant ces temps malheureux de la dictature du tout-médiatique, c'était d'abord convaincre. Maintenant, il faut séduire, non les électeurs, mais ceux qui finissent par les influencer. Flatter les ego ne suffit pas. Un journalisme bien disposé exige aussi un certain confort. Confort matériel et, plus subtil, celui qu'on qualifiera d'intellectuel.

Longtemps l'argent coulait à flots et beaucoup d'ailleurs s'y sont noyés. Les règles ont été officiellement changées. Grâce à Lionel Jospin, les fonds secrets des ministères n'existent plus. Officiellement ! car la politique roule encore en limousine. Les partis n'ont jamais eu aussi peu de militants et autant d'argent. Les assemblées peuvent dissimuler leurs caisses noires. Conseils généraux et régionaux gardent des libertés de trésorerie. Les grandes mairies ont des moyens. Même si on voulait faire pleurer dans les chaumières, les plans médias ne rencontrent à ce jour aucune difficulté de financement. Pour entretenir les petites amitiés journalistiques, il faut, certes, pouvoir se permettre une certaine générosité. Au contact du monde doré, les tentations n'en sont que plus grandes.

Le virus politique se nourrit aussi d'une certaine

facilité d'existence. Ce journalisme-là peut vous ouvrir les guichets de toutes les combines, les portes d'une petite vie douillette qu'avec vos seuls deniers vous seriez bien en peine de vous fabriquer. Notoriété de substitution et vie par procuration, c'est le secret. Vous pouvez vous habituer très vite aux déplacements en jet privé, avec champagne et petits fours, qui finiront par rendre insupportables vos vacances personnelles en charter ! Bien organisé, vous pouvez être de toutes les avant-premières programmées par des ministres soucieux de faire leur cinéma. À la fin des projections, buffet froid ou chaud, on se retrouve dans une ambiance de franche camaraderie. Si vous êtes branché, vous pouvez figurer à l'année sur les listes des invités permanents du ministère de la Culture. Invitations pour les vernissages privés des grandes expositions de la capitale, à l'Opéra-Bastille comme à Garnier, à la Comédie-Française, le tout avec cocktails du ministre à l'entracte. C'est très pratique et très chic.

François Léotard n'innovait pas au cours de ce déjeuner qui m'avait pourtant coupé l'appétit. Avant lui et après lui, le grand timonier de notre culture nationale, Jack Lang, a toujours su faire plaisir aux journalistes si enclins à se cultiver en même temps qu'à se divertir. Et après lui, avec Douste-Blazy, Toubon ou maintenant Aillagon, le show n'est pas près de s'interrompre. Le spectacle continue ! Le ministère de la Culture est tout autant celui des Relations publiques avec les plumes de la petite scène de Paris. Qui osera aujourd'hui dénoncer l'inconsistance et la versatilité pourtant bien établies d'un Douste-Blazy après avoir accepté tant de

Combines et dépendances

faveurs ? Comment, après s'être fait inviter durant des années par le couple star de la gauche caviar, démonter les tristes tréteaux des époux Lang ? Dernier exemple au cours de la campagne législative de juin 2002. Les Lang étaient à Blois, mais voilà que les électeurs, lors des municipales de mars 2001, les ont renvoyés place des Vosges. Ils s'en vont alors à Boulogne, pas Billancourt, Boulogne-sur-Mer, premier port de pêche français et de pêche aux voix. Convoquée par Monique, la profession a rappliqué ventre à terre pour faire ses gros titres sur ce nouveau challenge du Jack qui n'arrive pas à imaginer que la politique française puisse se priver de son personnage considérable. Mais nul n'a trouvé un petit moment pour s'intéresser à ce que ce couple charmant avait laissé derrière lui sur les bords de Loire, et les déclarations musclées du nouveau maire, Nicolas Perruchot, n'ont occupé que quelques lignes dans les journaux. Les Lang jouent et se jouent de la presse.

Les petits services aux journalistes rendront toujours de grands services aux politiques. Dès que vous avez une dette envers eux, c'est votre liberté qui paie la note. Bertrand Delanoë a promis de rompre avec cette pratique mais — lui qui déjà, dit-on, s'imagine une destinée présidentielle — on verra s'il parvient à ne pas exploiter longtemps les ressources d'un fief qui, durant une vingtaine d'années, a été l'un des mieux huilés de la République. On s'extasie aujourd'hui sur Chirac, bête politique increvable, sympathique, généreux, si proche des Français et de leurs obsessions. Sans doute est-il le Français qui, dans une vie, aura serré le plus de

Bien entendu... c'est off

mains, mais sa démagogie ne s'est pas arrêtée là. Il a surtout su se constituer un réseau de journalistes parisiens choyés comme vaches corréziennes sur herbe. Le guichet chiraquien était toujours libre pour vous loger dans les meilleurs quartiers de la capitale aux prix les plus modérés. Avec en annexe une carte de presse, votre dossier devenait d'office prioritaire. Le maire en personne se chargeait de la bafouille vous faisant part de sa grande joie d'avoir pu faciliter une solution heureuse à votre requête personnelle et légitime. Le genre d'attention que l'on n'oublie pas de sitôt et qui a convaincu bien des bénéficiaires des vertus du présidentiable.

Lorsque Juppé eut des ennuis pour son logement parisien occupé dans le centre à un prix de compagnon, on trembla dans quelques rédactions. Le bougre était foutu de cracher ce qu'il savait et en tant qu'ancien adjoint aux finances de Paris, il en savait beaucoup. Heureusement l'orage passa sans encombre. Bien logés, les journalistes sont bien disposés. Hélas les voilà désormais gênés depuis que ces accommodements nourrissent la chronique judiciaire.

Les politiques ont aussi longtemps su déployer des trésors d'imagination pour résoudre les inévitables problèmes de trésorerie des uns et des autres. Forcés, pour avoir leur place au soleil médiatique, de travailler leur image, ils n'ont guère le temps de soigner leurs travaux d'écriture. En raison des petits restes littéraires des Français, il est bon, sur les plateaux de télévision, de pouvoir se référer au livre qui résume de façon stylée les réflexions planétaires de l'homme qui monte. La ribambelle d'experts en

Combines et dépendances

communication qui peuplent les coulisses l'ont depuis longtemps établi : le livre vous pose l'homme politique à l'écran. Qu'importe son succès, pourvu que l'ouvrage ait une épaisseur que l'on puisse rendre comparable à celle du bonhomme. Tous ceux qui veulent faire leurs premières armes médiatiques savent qu'ils devront passer sous ces fourches caudines de l'édition. C'est une farce mais personne ne va s'en plaindre puisque, pour ces grands plans secrets de communication, on a fait en sorte d'impliquer les journalistes qui seront intéressés sur les deux tableaux à l'affaire.

La vie politique française obéit à un autre principe considéré comme sacré depuis des décennies. Vouloir être naturel à la télévision serait la première faute à ne pas commettre. C'est en tout cas ce que tous nos Diafoirus de la com ont réussi à faire avaler aux politiques infantilisés. Conséquence : faire de la bonne image s'apprend. Chasser le naturel exige temps et argent, et, pour préserver le secret de fabrique, discrétion. Si les trois sont réunis, les séances de training (de *train*, entraînement, en anglais) peuvent commencer, pendant lesquelles le politique sera placé dans les conditions du direct face à des journalistes payés pour jouer leur rôle et même un peu plus puisqu'il leur reviendra de poser les questions dérangeantes qu'ils n'auraient pas le front d'aborder devant les vraies caméras. Dans les cuisines de la grande presse, ces « ménages » bien rémunérés trouvent volontaires. Volontaires — et la farce n'en est que plus singulière — pour livrer aux politiques les armes pour savoir contourner leurs questions, les renvoyer de volée ou mieux dans

Bien entendu... c'est off

leurs buts. Comme si les gendarmes acceptaient d'instruire les voleurs pour les aider à déjouer leurs enquêtes ! Depuis des années, les journalistes politiques forment la seule profession prête à monnayer son savoir pour que les politiques puissent venir se vendre face à eux sans gêne et sans ennuis. Cela dit, ce n'est même plus vrai puisqu'ils ont fait des émules chez certains juges d'instruction. Contrevenant à leur déontologie, les voici — du moins une petite minorité — qui, à leur tour, acceptent de se mettre au service de grands groupes ou d'animer des sessions de formation auprès de chefs d'entreprise disposés à payer fort cher pour affronter sereinement la justice.

Choc des images et poids des mots. Au bord du grand bassin de la politique, il ne manquera jamais de journalistes pour se muer en maîtres nageurs. Il y a les « ménages » pour sauver les apparences et les « ménages » pour tenter de vendre de la consistance. Les hommes politiques sachant parler sont nombreux. Ceux sachant écrire, beaucoup, beaucoup moins. Pas seulement par manque de temps, les éditeurs peuvent s'en sortir par la publication de livres d'entretiens avec un journaliste qui peut faire son métier. Mais il y a les plus ambitieux, qui ne sauraient souffrir qu'il soit dit qu'une flèche manque à leur petit arc. Alors, il s'agit de tromper le lecteur citoyen, de lui faire prendre ces écrits pour des lanternes et de les lester de cette image subliminale de l'homme d'action capable de penser sur sa feuille blanche, tel de Gaulle écrivant ses *Mémoires de guerre* dans le décor rustique de La Boisserie, image pieuse de la politique entre toutes.

Combines et dépendances

Le pourvoyeur clandestin sera convié à l'office et récompensé de sa fidélité par ce travail particulier et exigeant. Le « nègre » loue sa plume et à l'occasion ses idées, en garantissant de ne jamais sortir de l'ombre. Le journaliste se fait scribe. L'enquête, là non plus, n'a jamais été menée.

Lang a-t-il écrit tout seul, dans la solitude de son duplex de la place des Vosges, son *Laurent le Magnifique* et son *François Ier* ? Et Bayrou son *Henri IV* ? Douste-Blazy a-t-il simplement relu les quelques ouvrages dits sérieux publiés sous son nom ? Ces dix dernières années, quel homme politique a écrit tout seul, comme un grand, son livre ?

Pour aller jusqu'au bout de l'imposture, il doit bien arriver que, non contents d'écrire ces bouquins au noir, certains estimables confrères ne se gênent pas pour dire tout le bien qu'ils en pensent dans leur journal ! Car en matière de mises en scène, on n'a cessé de progresser. Pour sa campagne présidentielle en 1995, Chirac croit bon de sortir un livre titré de son slogan *La France pour tous*, avec le pommier en couverture et dessous cent quarante pages détaillant son grand projet de lutte contre la fracture sociale. Émus, les journaux, les télés racontent en long et en large comment celui qui allait enfin devenir Président s'est retiré trois semaines dans une gentilhommière prêtée par un ami — le milliardaire François Pinault — pour coucher noir sur blanc ces magnifiques idées qui se bousculaient dans sa tête. Chirac capable enfin d'avoir une réflexion personnelle ! encore mieux, d'écrire ! L'information était tellement nouvelle qu'il était normal qu'elle fût trompettée avec fracas dans tout le pays.

Bien entendu... c'est off

Chirac s'était déjà habitué à l'Élysée lorsque la vérité filtra : on finit par savoir que c'était un de ses vieux complices du *Figaro*, Paul Guilbert, copain d'études de quarante ans, qui en réalité avait rédigé une grande part de ce livre-programme, fort bien tourné puisque ce journaliste avait du talent. S'il avait vraiment écrit ce petit livre, sans doute Chirac aurait-il mieux retenu ce qu'on pouvait y lire et applaudir. « Au lieu de gouverner, les hommes politiques se sont mis à communiquer en vase clos. Ils ont pris la pose devant les miroirs déformants des médias... Une esthétique du pouvoir a remplacé l'exercice du pouvoir. »

En général, les « nègres » se planquent dans l'ombre ; parfois, cependant, certains, plus courageux ou trop assurés de leur impunité, n'ont pas peur de s'afficher derrière ceux qui les emploient. Tout au long d'une campagne, aux élections régionales à Marseille, les journalistes retrouvèrent un printemps, dans le sillage de Tapie, l'un des leurs qui ne s'était pour autant pas mis en congé de carte de presse. En tant que super-attaché de presse, il faisait de la retape pour le « nanard » national. Tapie n'est plus rien en politique. Le journaliste, lui, n'a pas fait faillite. Il est patron de la rédaction d'un hebdomadaire parisien. Preuve que la corporation n'est pas chienne.

XIII

Le « prêt-à-penser »

La presse s'est si bien endormie dans son petit confort qu'elle ne sursaute même plus devant ses propres petits scandales. On profite. On est en représentation et on travaille comme l'on peut. Cette anesthésie intellectuelle n'a pas non plus échappé aux politiques qui ont su inventer à leur usage le « prêt-à-penser ». Beaucoup plus subtil mais tout aussi avantageux. Ce service commode a d'abord ses hôtesses : les attachées de presse. Ces dernières années, le « vase clos » — pour reprendre l'expression du vrai-faux livre de Chirac — a vu pousser nombre de belles plantes chargées d'égayer utilement les relations entre politiques et journalistes. Avant, on les trouvait dans les partis politiques, dans les ministères, auprès des groupes parlementaires. Leur rôle se cantonnait le plus souvent à distribuer les discours, fixer les rendez-vous, monter les déplacements. Aujourd'hui, elles sont partout. N'importe quel député se croit obligé de disposer de la sienne, comme signe extérieur d'une existence médiatique en devenir.

Leur travail est ingrat. Elles sont les assistantes

sociales de la politique, toujours à la limite de la crise de nerfs ou de la dépression. Chaque matin, seriner à la bête politique qu'il est le meilleur et que, si les journalistes ne s'intéressent pas à son immense personnalité et à son dévouement constant, c'est que « ce sont des cons ». Chaque jour, essayer de resserrer les liens avec les intéressés, leur répéter qu'ils sont les plus intelligents, comme le pense d'ailleurs le patron, et que c'est pour cela qu'il ne faudrait pas qu'ils passent à côté de l'essentiel, à savoir le patron. Quelle vie ! Quel métier ! Une bonne attachée de presse parvient cependant à faire des miracles. Le minois peut suffire, ce n'est pas être macho que de le dire puisque c'est bien la condition première du recrutement, qui comprend parfois d'autres clauses plus surprenantes encore. Comme celle fixant des gratifications suivant le « calibre » des journalistes rabattus. TF1, *Le Monde*, jackpot ! *L'Écho de Carpentras*, ceinture ! Les politiques peuvent être des modèles d'employeur. Tout est imaginable. Du temps de sa splendeur, Michel Noir avait recruté une attachée de presse qui s'appelait Sylvie Dreyfus. « Dreyfus, c'est très bien, lui avait-il expliqué, je pourrai leur faire le coup de mon père interné à Mauthausen ! » Elle ne s'est pas éternisée.

Fort heureusement, d'autres critères se sont, au fil du temps, imposés. Une attachée de presse efficace sera celle qui saura prévenir les besoins des journalistes devenus des dévoreurs de petites phrases, des chasseurs d'échos en tous genres et des consommateurs d'« angles ». La paresse de cet univers a créé des emplois. Une petite phrase lâchée dans les couloirs de l'Assemblée vaudra toujours

Le « prêt-à-penser »

mieux que de longs discours à la tribune. Certains s'en sont même fait une spécialité, comme l'inégalable André Santini, chansonnier réputé du Palais-Bourbon, maire d'Issy-les-Moulineaux et accessoirement député de droite des Hauts-de-Seine. Son mot le plus fameux ? Le jour des funérailles de Mitterrand, il fait mine de s'étonner : « Je ne me souviens pas qu'on en ait fait autant pour Giscard ! » La phrase fera le tour des rédactions. Santini est une bénédiction, ainsi s'est-il évité qu'on aille fourrer son nez dans sa présidence du syndicat des eaux d'Île-de-France qui le mériterait pourtant.

Une petite phrase peut donc toujours servir. Pas besoin de vérifier, de recouper, de commenter, le plat se déguste en écho, vite préparé, vite servi, vite lu, dans les pages réservées des hebdos comme des quotidiens, du *Parisien* et du *Figaro* qui ont voulu aussi jeter leur petit pavé dans la mare, sans oublier celle, inégalée, du *Canard enchaîné*, lequel, dans ce domaine, mène la danse. Mais ils n'ont fait qu'accroître la confusion et la profusion. Par tradition, par formation même pourrait-on dire à leur propos, les lecteurs du précieux volatile savent qu'il faut toujours en prendre et en laisser. *Le Nouvel Observateur*, *Le Point*, *L'Express* ont institutionnalisé ce journalisme ludique, alimenté par tout ce que les collaborateurs prudents ne veulent ou ne peuvent reproduire dans leurs propres colonnes. Le système est bien huilé, c'est le cas de le dire, puisqu'il a l'avantage de permettre à chacun d'ajouter du beurre dans ses épinards. Un écho livré, c'est entre soixante et soixante-dix euros dans la poche, ce qui met la ligne à un bon rapport. Cette information à fabrication et consommation rapides est devenue la plaie du journalisme politique. Dans ces rayons, on trouve de tout : l'écho gentil pour remercier d'un bon déjeuner, l'écho vachard pour déstabiliser incognito le voisin de palier, l'écho calculé pour tester l'opinion, l'écho de compensation pour calmer un mécontent, l'écho généreux pour fidéliser un bavard, l'écho inventé parce qu'il faut bien rire un peu. Trois lignes suffirent à lancer, pendant la campagne présidentielle de 1995, le « T.S.B. » (tout sauf Balladur). Un faux sondage favorable à la dame Alliot-Marie, colporté par ses sbires, suffit, quelques années plus tard, à plomber définitivement la candidature de Jean-Paul Delevoye à la présidence du RPR. Sur ce petit marché de l'info-expresse, les attachées de presse garnissent les cabas à la tête du client.

Si elles ne suffisent pas, les plus filous peuvent pourvoir au ravitaillement. Grand maître du système, François Mitterrand, lors de sa cohabitation crispée avec Jacques Chirac, avait trouvé le pli. Il distillait lui-même ses petites indiscrétions sur les Conseils des ministres, toutes ayant l'art de tourner en ridicule le Premier ministre qu'il ne supportait pas. Certains même réussissent à se rendre tellement indispensables qu'ils contractent une assurance tous risques auprès de certains journalistes. Je t'alimente, tu me cites. Je dis du mal des autres, tu dis du bien de moi. Je te donne des idées, je te livre mes formules, tu fais ma propagande. Combien de *deals* ainsi passés sur fond d'entente cordiale et de carrières parallèles programmées ? Pendant tout le temps qu'il fut ministre de Giscard,

Le « prêt-à-penser »

puis plus tard de Mitterrand sous la bannière de l'ouverture rocardienne, Jean-Pierre Soisson était celui que l'on pouvait toujours appeler pour avoir un compte rendu exhaustif des Conseils des ministres, une explication de texte sur les décisions internes ou la confirmation d'une rumeur. Soisson était la concierge chic qu'on se disputait. Il a quitté les bancs du gouvernement, mais bénéficie encore d'une certaine indulgence. Au cours des élections législatives, il peut fricoter comme il veut avec le Front national dans son coin de Bourgogne pour un énième mandat, la presse reste avec lui d'une extrême civilité alors qu'elle a joyeusement massacré Charles Millon qui n'en a pas fait plus.

Les taupes sont d'ailleurs une espèce protégée. Pendant longtemps, le PS a eu la sienne en la personne de Jean Poperen dont le courant n'en finit pas de mourir. Toujours disponible pour raconter dans le détail un bureau politique, démêler les fils des courants, éclaircir les motions les plus obscures. Il tenait à lui seul tout un service de renseignement, ce qui lui permit une survie politique inespérée et incompréhensible vue de l'extérieur. Peut-être d'ailleurs a-t-il inspiré celui qui, par la grâce de Jospin, a fini par accéder à la tête du PS. Car pour tous les journalistes politiques, Hollande a toujours été « François ». Tutoiement, humour, convivialité et disponibilité, ce « nouveau François » avait, il est vrai, une vocation de journaliste rentrée : sens de la petite phrase et facilité de synthèse. Lorsqu'il se perd dans les méandres de la pensée socialiste, parmi les chausse-trapes des camarades et dans le labyrinthe de la gauche, le journaliste sait qu'il y a toujours « François » à son service. Capable de vous faire un titre, de vous donner un papier clé en main. Avec lui, pas de soucis. Dépannage assuré.

Le bon François a su se rendre indispensable, peut-être pas à la tête de son parti mais en tout cas auprès de beaucoup de rédactions. Car ce qu'il y a de bien, c'est qu'il a su rester simple. Même installé dans le plus grand bureau de la rue de Solférino, sa ligne téléphonique reste ouverte. Comprenant qu'on n'est jamais mieux servi que par soi-même, il colle à l'information et les journalistes collent à sa pensée. Il n'a pas de courant mais la presse est branchée en direct sur lui et ce levier lui est plus utile que n'importe quelle synthèse interne. « Je rigole, confiait-il lorsqu'il n'était pas encore devenu ce qu'il est. Lorsque je retourne dans ma circonscription, on me dit : "T'as lu ce que raconte untel ?", "T'as vu ce qu'a dit celui-là ?", on me fait ma revue de presse et j'ai l'impression de me relire ! » Fournisseur d'articles en tous genres, il est parvenu à dérouler autour de lui une sorte de cordon sanitaire médiatique, qui, en ces temps pour lui plus tourmentés, l'aide à bénéficier de l'immunité médiatique accordée seulement à quelques privilégiés. Le téléguidage journalistique, l'inspiration concédée, l'information livrée en kit sont devenus banals.

Hollande a d'ailleurs son clone à droite. Inconnu des Français jusqu'en mai 2002 mais bien connu des journalistes. Son nom ? Raffarin Jean-Pierre ! Fils de pub, ce bon sénateur du Poitou a eu la manière pour arrondir les angles auprès de la France journalistique d'en haut. Giscardien, il n'en était pas

Le « prêt-à-penser »

moins simple. Sénateur, parmi cette assemblée d'élus dormants, il faisait gamin. Homme d'appareil, il se donnait des allures de maquignon. Il a d'abord su les surprendre, avant de les comprendre. À son tour, il s'est mis à leur service. Ne reculant jamais devant un rendez-vous, racontant la politique comme dans un film de Walt Disney, infusant ses formules comme un expresso de chez Jacques Vabre, « El Gringo » — son surnom aux Guignols — a joué avec eux les grands frères. Juppé était le proviseur. Sarkozy le copain. Le rôle était à prendre. Il est devenu le brave gars de droite, toujours prêt à dépanner, à vous raconter la dernière histoire, à vous replacer le Chirac dans son contexte, en vous donnant l'impression fort agréable que vous êtes son seul visiteur de la journée. De tant de patience et de bonne volonté, il aura été récompensé. Sa stratégie de proximité a parfaitement fonctionné. De droite ou de gauche, la presse, avant même sa nomination à Matignon, lui a déroulé le tapis rouge. Et depuis son sacre, c'est un festival. Il est vrai qu'il est neuf dans le métier. Preuve en tout cas que pour prétendre représenter la France d'en bas, les petits jeux de la France d'en haut ne sont pas à négliger.

Ainsi complimentés, récompensés, alimentés et servis, les « amis de la presse », pas ingrats, ont su tenir leur langue et fermer les yeux sur tous les arrangements personnels de leurs complices. « On le fait pour vous. On peut le faire pour nous. » C'est ainsi qu'à force de faire plaisir aux journalistes, les cadors des partis ont pensé qu'il serait injuste de s'oublier. Des mandats qui se transmettent en héritage, cela a toujours existé mais au moins les électeurs ont-ils leur mot à dire. Des mandats, des carrières, des rentes qui se gèrent, à Paris, en famille, la plupart du temps, les électeurs n'en savent rien. Les journalistes, eux, savent mais ils ne sauraient nuire pour si peu à cet esprit de famille qu'ils ont su développer. Alors, on a laissé passer. Jusqu'à finalement tout accepter. Chirac complètement tenu en laisse depuis 1988 par sa fille Claude ? Rien à signaler à Paris. C'était pourtant la consternation à Moscou lorsque Eltsine, lui aussi, ne pouvait faire un pas sans sa fille. Ici, on préfère s'incliner devant le grand professionnalisme de la petite reine du Palais. Que dame Tiberi ait pu être fort bien rémunérée pour un rapport peu sérieux, qu'en face dame Lang ait pu, dans tous les ministères occupés par son mari, s'imposer partout comme première conseillère, que maintenant les épouses des principaux ministres du vertueux Jean-Pierre Raffarin jouent les éminences grises en coulisse, pas de quoi s'émouvoir, puisque de bas en haut et de haut en bas, les emplois familiaux se sont multipliés à tous les étages.

Les épouses, les maîtresses, les fils, les filles, les gendres, les brus, toutes et tous habillés en attaché de presse, en attaché parlementaire, en premier ou trente-cinquième conseiller, à gauche, à droite, la politique s'est transformée en grande galerie marchande remplie de petites boutiques familiales. Avec combien d'emplois fictifs ? Pas d'enquête, mais dans le milieu on se doute bien que c'est au Sénat qu'il faut être. Un mandat de neuf ans, deux postes d'attaché parlementaire par sénateur, travail

Le « prêt-à-penser »

pépère, absentéisme généralisé mais confort garanti, le « brave » sénateur Raffarin, qui a dû changer de rythme à Matignon, ne va pas se bousculer pour réveiller ce cimetière aux éléphants entretenu de près par la droite. La « bonne gouvernance », sa formule favorite, s'arrêtera toujours aux portes du palais du Luxembourg. Débrouillard, un sénateur pourra à la fois contenter épouse et maîtresse, la Chambre haute a ses mystères. Après bien des difficultés, j'ai réussi un jour à faire publier dans *Le Monde* un papier sur la multiplication de ces faveurs familiales. J'étais allé voir un sénateur socialiste, Michel Dreyfus-Schmidt, qui me paraissait plus courageux que les autres puisqu'il venait de remettre un rapport relevant ces abus. L'entretien se passe. Je ne peux être que d'accord avec ce qu'il dénonce. Il me remet son rapport. Avant de quitter son bureau, je croise son attachée parlementaire. Jeune. Jolie. Très décontracté, il me la présente : « Vous connaissez ma belle-fille ? »

XIV

Les trois grâces

« La politique, se lamentait déjà Valéry, c'est l'art d'empêcher les gens de se mêler de ce qui les regarde. » De cet art, la presse politique s'est fait le premier serviteur.

Le Monde, son « esprit », son « prestige », sa « référence », c'est comme sur le fronton de nos mairies « Liberté, Égalité, Fraternité », on sait bien que ce n'est pas vrai ; mais ça ne se discute pas, ça ne se conteste pas. Ça se respecte. C'est tout ! Vous pouvez attenter à l'honneur du chef de l'État, vous ne pouvez pas attenter à l'honneur du *Monde*. La toute première recommandation faite à la jeune attachée de presse ou au communicant fringant qui débarque est : « Ne pas se fâcher avec *Le Monde*. » Ligne de conduite que s'imposent également les confrères respectueux des usages de la corporation du papier. C'est l'assurance tous risques que les politiques s'empressent de contracter pour espérer voyager loin. Attaquez-vous au *Monde* et les nuages noirs du bannissement s'accumuleront au-dessus de votre tête.

La belle vitrine des « pages débats » du centre du

grand quotidien n'est qu'un trompe-l'œil. S'y exposent chaque jour ces contributions extérieures amenées souvent plus pour être vues que pour être lues. S'y trouvent aussi chaque jour la promotion des importants et le solde des importuns, la vente des amis du journal et la braderie de ceux jugés indignes du label. C'est ainsi que sous couvert de grands débats, le journal peut régler ses premiers comptes. Voilà pour l'extérieur. À l'intérieur, suspicion de rigueur. Depuis la jurisprudence Legris des années 70, du nom de ce journaliste poursuivi par la vindicte du quotidien pour avoir critiqué, dans *Le Monde tel qu'il est*, son impartialité — c'était du temps de Jacques Fauvet —, chaque membre de la petite société se sait tenu, hors les murs, à un devoir de réserve ne voulant pas dire son nom.

Ordre et consentement, c'est ainsi que les mythes survivent. Le mythe du journal indépendant de tous les pouvoirs et de toutes les coteries, le mythe du grand ordonnateur moral de notre République. Et pour les fidèles lecteurs, le mythe du journal de Beuve-Méry, du journal inspiré par la sagesse d'une société de rédacteurs parfois imitée mais jamais égalée. Beuve aura connu le même sort que de Gaulle et Mendès : on l'encense pour se prémunir mais il est bien enterré. La société des rédacteurs n'est plus qu'un ascenseur pour promotions internes.

Difficile d'évoquer le journal sans dire un mot de son directeur : « Jean-Marie » (Colombani) en sabir interne, comme l'autre Jean-Marie (Messier), dont on parle moins aujourd'hui, ajoutent ceux qui n'ont pas cédé à l'adulation forcée. Même regard, même timbre de voix, même main de fer dans le

Les trois grâces

même gant de velours, la ressemblance peut en effet troubler. Même volonté de conquérir chacun son monde, sur ce point pas de doute. Mais « Jean-Marie » ne rêvait pas de devenir Beuve-Méry, pas plus que Messier ne voulait mettre ses pas dans ceux du vieux patron historique de la Générale des Eaux, l'ancêtre de Vivendi. Non, il voulait être patron, grand patron de la flotte du *Monde*, avec, comme il le disait dès ses premières sorties du port, son navire amiral, ses croiseurs et ses ravitailleurs. Patron du « groupe *Le Monde* » comme le disent les plaquettes.

Lorsqu'un beau matin nous avons appris que Jean-Marie animerait la nouvelle émission politique de TF1, *Questions à domicile*, nous, ses potes du service politique, avons compris que le bonhomme s'était mis en route. « Ça fera une bonne publicité pour le journal », expliquait-il pour calmer ceux qui considéraient qu'il avait engagé tout le service politique à la légère sous le pavillon Bouygues. En réalité, il choisissait les extérieurs pour s'imposer à l'intérieur. Lorsque TF1 supprime son émission sur les petits intérieurs des politiques, il devient l'un des questionneurs permanents de *L'Heure de vérité* sur la chaîne voisine et publique. De cette émission qui tient alors le haut de l'affiche politique, allait sortir le trio des trois grâces qui, bien des années après sa disparition, sévit encore : Colombani Jean-Marie, Duhamel Alain et Jaffré Jérôme.

Depuis bientôt quinze ans, ils jouent les incontournables, les indispensables, les inégalables. Trio d'arbitres infernal imposant son sifflet sur tous les tournois. Sponsors exclusifs mais multicartes. Promoteurs jaloux de la pensée suprême. Mécaniciens

Bien entendu... c'est off

en gants blancs de toutes les stratégies. Jamais gênés par tant d'investissements et d'implications.

Jaffré, après s'être beaucoup trompé, fut tout de même prié, après 1995, de s'éloigner de la grande Sofres, mais il a réinvesti ses compétences dans une officine d'études politiques qui a immédiatement trouvé pignon sur microcosme grâce à la « une » du *Monde*. Duhamel pense depuis trente ans pour toute la France et semble reparti pour trente nouvelles années si son Solex ne le lâche pas en route. « Avec son air d'enfant de chœur qui a volé les burettes », l'avait dépeint Yvan Audouard, il court sur les ondes, repasse par les hebdos, revient par les quotidiens de province. Ce prêcheur est le fruit de la politique française, véritable PMI à lui tout seul. Entre l'expert et le bavard, le prince des ténèbres Colombani, revêtu de la pelisse de son magistère, triant du haut de sa dague le bon grain de l'ivraie sur l'aire de battage médiatique, mais jamais réticent à mettre les gens de son duché au service de qui pourra le servir. Sondages, télés, radios, éditoriaux, chroniques, plus la garantie sans égale du journal, on trouve tout dans leur magasin. Les Elkabbach et autres compagnons de route qui se veulent grands chez les grands ont bien tenté de rivaliser ou de s'associer, mais le commerce est sacrément tenu. Pour les politiques, difficile de résister à la tentation du lèche-vitrine. Jospin lui-même a fini par se laisser faire et par tomber dans leur piège. Lorsqu'il accepte de se faire questionner par Duhamel pour réaliser son livre-mode d'emploi de présidentiable, on comprend que ce sera parfait pour la promotion mais pas forcément de bon augure pour le candidat. De fait, il s'écroulera deux mois plus tard, et le bouquin avec !

Les trois grâces

Au *Monde*, il nous a fallu un certain temps pour comprendre les règles de ce petit jeu de mouchoir mais une fois que nous l'eûmes compris, ce n'est pas pour autant qu'il s'est arrêté. Jaffré sortait un sondage, *Le Monde* en faisait sa « une » et Duhamel le rabâchait à longueur de colonnes et d'ondes Il y eut bien ici et là quelques protestations mais le petit manège n'a jamais cessé de tourner. Pendant la campagne présidentielle, France 2 nous a enlevé Duhamel — privé d'antenne pour cause de mélange des genres (le livre avec Jospin) —, mais on a continué à l'entendre sur RTL et on le lisait dans d'innombrables journaux (*Libération*, *Le Point*, etc.).

Ainsi organisés, les trois associés ont réfléchi : ce qui marchait pour eux pouvait marcher pour les politiques, pas tous évidemment, ceux qu'ils auraient eux-mêmes sélectionnés, selon des critères bien personnels. Casaque *Monde*, couleur Sofres, cravache Duhamel, ils montèrent leur petite écurie censée détecter et entraîner les possibles futurs cracks pour la seule course qui les intéresse, celle du prix du président de la République. Une écurie dotée de moyens puisque très vite fut inauguré le Club Torcello, du nom de l'île vénitienne, lieu de ralliement familial privé et secret des comploteurs.

Le premier en piste est Michel Delebarre, ancien directeur de cabinet de Mauroy, devenu ministre lorsque ce dernier ne fut plus Premier ministre. Homme solide du Nord, aujourd'hui maire et député de Dunkerque, ils vont réussir à lui faire péter complètement les plombs. Ils le disent d'abord promis à la direction du PS. Voilà l'anti-

Bien entendu... c'est off

Fabius, le héraut de la rénovation à gauche, l'incarnation d'une social-démocratie à la française ; il se persuade qu'il a l'étoffe d'un futur président de la République. Le nouveau Delebarre est arrivé, on ne reconnaît plus le précédent, si ce n'est son accent d'Armentières. Il a droit à une batterie de sondages (Sofres) tous plus excellents les uns que les autres. Colombani décrète que *Le Monde* serait bien avisé de lui consacrer un portrait d'une pleine page, ce qui est fait sur-le-champ. Portrait coïncidant, nous le saurons plus tard, avec le lancement de la première grande invitation à la télévision !

Ainsi propulsé, Delebarre devient la coqueluche des médias. *Le Monde* en parle, allons-y ! Il est celui qui va les mettre tous d'accord au PS, le nouvel homme de gauche que la France attend. Elle l'attend encore. Delebarre n'est jamais allé plus haut que son ministère de l'Emploi. Mitterrand entame son second septennat. Mauroy l'écarte sans tendresse de Lille et le PS repart avec les mêmes. Delebarre s'était brûlé aux feux de la rampe. Il ne s'en est jamais remis. Ses trois mentors n'ont versé aucune larme, ce n'est pas le genre. Ce n'étaient pas eux qui s'étaient fourvoyés, c'était le cheval qui n'était pas bon. Ils l'ont abandonné dans ses pâturages flamands pour jeter ensuite leur dévolu sur un jeune poulain de droite qui leur parut avoir meilleure allure et non dépourvu de moyens. La rénovation n'avait pas prise à gauche, il fallait la transporter à droite.

Michel Noir est leur homme. Ministre du Commerce extérieur sous la première cohabitation, il est d'un commerce plutôt agréable, ce qui change

Les trois grâces

à l'époque des mines patibulaires du RPR. Avec ses costumes Smalto, il fait moderne, propre sur lui, de l'extérieur comme de l'intérieur. L'image est déjà un atout. Il vient de gagner la mairie de Lyon, le gaillard n'en prend que plus de hauteur. Et ce nouveau requin a un poisson-pilote du tonnerre, Pierre Botton. Le futur gendre n'a pas son pareil pour faire cracher les entreprises au bassinet et prévenir les besoins extrêmement variés des journalistes. Chirac vient d'être terrassé par sa nouvelle défaite à la présidentielle de 1988, Noir a devant lui un boulevard, mais taper sur Chirac ne constitue pas un programme. Il faut une posture de combattant, une attitude d'homme de caractère. Noir fait turbiner à tout-va la Sofres. Le Front national ! Le lepénisme prospère, la droite nage en pleine confusion, Pasqua disserte sur « les valeurs communes » entre le RPR et le FN, Chirac le laisse dire, le créneau est tout trouvé. On oublie que Noir est un ancien du très musclé service d'ordre des gaullistes, on toilette l'histoire de son père ancien déporté et on lui offre — à « la une du *Monde* ! » — la publication d'une tribune dont le titre deviendra tout un programme : « Mieux vaut perdre les élections que perdre son âme. »

La vieille droite peut bien grincer, on a mis dans la tête du nouveau grand homme qu'il pouvait, qu'il devait, qu'il était appelé à incarner à lui seul une droite moderne, ouverte, généreuse et, mieux encore, séduire, par son nouvel humanisme, une partie de la gauche. D'ailleurs, Mitterrand lui-même, au sommet de son art, n'a-t-il pas des mots aimables pour ce chevalier blanc dressé si haut sur

Bien entendu... c'est off

son destrier anti-Front ? Noir, sorte de Rocard de droite, restaurateur d'un gaullisme perdu, combattant des nouvelles valeurs. On y est presque. Les télés se l'arrachent. Il est au zénith des sondages. Il a colonne ouverte au *Monde* et Duhamel l'encense en tous lieux. De la belle ouvrage. Ils ont réussi à faire coller ensemble l'image et la bande son. Séguin a beau fulminer dans son coin contre cet enthousiasme général pour « le grand con », le cirque Noir fait recette sur toutes les places. Si grand et si simple avec cela. Sa porte est ouverte à tous les journalistes ! Une imprudence, il aurait dû le savoir, que n'a jamais commise Chirac. Car en dehors des plateaux télé, l'homme de Lyon s'offre dans toute sa transparence. C'est le seul homme politique qui m'ait jamais accueilli dans son immense bureau de maire en musique, classique bien entendu. Je devais comprendre que, bien qu'absorbé par son immense labeur, il restait une petite place pour la culture.

Je fus frappé aussi de constater qu'en petit comité il nous reservait ses formules de meeting et de télé à peine refroidies. Mais j'ai compris ce qui se passait lorsque, avec le spécialiste du journal, nous allâmes l'entreprendre sur les questions de l'éducation. Nous en ressortîmes bredouilles. Le lendemain, son cabinet nous faisait expédier les réponses écrites par un autre. Je repensais à Séguin, mes doutes sur les véritables capacités du personnage étaient sérieux, mais la consigne au *Monde* était de ne pas se poser ce genre de question. Jusqu'au jour où, de passage à Lyon, Botton, fatigué de devoir tout assumer, tout couvrir, tout taire, me lâcha le morceau. « J'ai fabriqué un monstre, me confie-t-il, et

Les trois grâces

je n'en suis plus maître. » Il m'explique en long et en large leur stratégie minutieuse de communication, les costards à vingt mille francs avec poche camouflée pour les lunettes, les concerts en playback de violoncelle pour les soirées de variétés de TF1 en passant par les séances de training intenses assurées par certains journalistes vedettes de la place. Il me détaille le financement de ces opérations de promotion, dignes d'une grande marque de lessive, ces transports médiatiques au Festival de Cannes et dans ses environs pour rassurer son « Michel » sur son premier rôle. « Tu n'as qu'à tchatcher, lui expliquait Botton. Laisse-les parler. Ils ont tous tellement envie d'être à ta place. »

Sans rien dire, je menais l'enquête, car je flairais les obstacles. Était-il vraiment opportun de s'attaquer à celui qui avait eu ce si grand courage de déclarer la guerre à Le Pen ? N'allait-on pas, en évoquant ainsi le début d'une affaire Noir, conforter le Front national dans sa croisade du « tous pourris » ? Les arguments pleuvaient, inondant les vraies raisons de ces sages recommandations. Ceux qui s'étaient mouillés voulaient garder les pieds au sec. Mais on savait que je savais. Il fallut me laisser faire. Je décide de crever cette bulle médiatique. L'affaire Noir démarre. Le papier paraît dans *Le Monde*, avec retard mais néanmoins paraît. S'ensuivent quelques séances épiques et pénibles de tentative de conciliation. Noir obtient d'être confronté avec moi à l'intérieur du service politique. Le discours est rodé. Botton est un fou, comment puis-je porter crédit à ses aveux ? Puis-je m'engager à ne plus recommencer ? Qui peut bien « m'instrumentaliser » pour

Bien entendu... c'est off

entreprendre de fragiliser une si prometteuse destinée ? La suite — et surtout la justice — devaient pourtant démontrer que je n'avais mis que le bout du pied sur le seuil de la vérité.

Tout l'argent brassé pour remplir un personnage vide, Botton l'a payé d'un long séjour en prison ; près d'un an et demi. Noir, qui toucha de si près la splendeur médiatique, voudrait redevenir quelqu'un mais Lyon persiste à le maintenir à l'écart. En février 2002, son ex-gendre a livré ses souvenirs dans un livre sans détour. Son titre : *Il y a toujours des complices...* « Comment une ascension rapide est-elle possible ? Comment intègre-t-on un milieu qui ignore totalement la loi ? » s'interroge-t-il encore. Il raconte que les « complices » étaient partout. À part quelques lignes dans *Libé*, ce livre n'a semblé intéresser personne dans les rédactions. Pas le plus petit entrefilet, et bien sûr, pas la plus minuscule notice dans *Le Monde*. Botton n'a jamais existé. Ce livre n'est jamais sorti. À la trappe ! Étonnez-vous et ils vous répondront comme Noir : « Botton est fou. » Les complices ne croient qu'aux vérités qui ne les dérangent pas. Placé sous leur protection, Noir aurait dû terrasser l'hydre Le Pen. Le rentier de Saint-Cloud n'aura même pas eu à se dépenser. Noir, son spectacle, ses affaires, ce fut encore un peu plus de suffrages dans son escarcelle. Noir est sous terre. Le Pen bombe le torse. On se pince. On manifeste. On exhibe dans de beaux éditoriaux les grands principes et les grands sentiments. Il est bien temps. Les complices de Noir auront été les complices de Le Pen, mais c'est sans doute aussi folie de le prétendre.

Les trois grâces

Échec à gauche, échec à droite, nos trois lanciers de la science politique revisitée auraient pu s'en trouver découragés. Mais non ! Avant de s'investir dans de nouvelles offensives, les trois sont devenus quatre. Avant toute chose, il s'agissait d'amener « Jean-Marie » à la tête du *Monde*. Ce fut loin d'être simple. Après trois années de gestion de bon père de famille de l'économiste émérite Jacques Lesourne, la rédaction décide de se reposer sur l'un de ses plus solides piliers, Daniel Vernet. Elle passe au vote. Vernet élu ! Écarté par ses pairs, Colombani ne se le tient pas pour dit. Les autres actionnaires extérieurs du journal peuvent casser ce choix de la rédaction. Commence un intense travail de sape. Vernet ne connaît rien de la cour et de ses secrets. Il finit par lâcher prise. Colombani récupère le fauteuil.

Il le devait en grande partie à un homme que l'on qualifie, selon l'usage, d'influent : Alain Minc, agitateur d'idées, mais plus encore de réseaux, au pouvoir de nuisance plus assuré que ses prédictions cycliques. En prenant la main de cet ancien inspecteur des Finances, Colombani parvient à se faire reconnaître par le milieu fermé des affaires, passage indispensable dans sa stratégie de contournement par les extérieurs. Chacun y a gagné : Minc fut bombardé à la présidence du conseil de surveillance du journal ; il y est toujours. Très chic, très utilement chic sur sa carte de visite. Puis, l'homme d'influence partit s'entremettre auprès du grand homme qui, selon ses visions, devait à coup sûr pousser la France vers un nouveau siècle de lumières : Edouard Balladur. Premier ministre mais déjà

Bien entendu... c'est off

tellement président, Minc avait ses certitudes du moment et n'eut aucune peine à faire partager son enthousiasme aux trois autres. La Sofres en service commandé, Duhamel retrouve dans le balladurisme ce succédané de giscardisme qui quinze ans plus tôt l'avait retourné, Colombani est touché par la noblesse naturelle du personnage.

Janvier 1995, cérémonie des vœux à la presse à Matignon, un des plus grands moments du journalisme moderne. Tout ce parterre médiatique transporté, au milieu des petits fours de la nouvelle année, pour applaudir le candidat Premier ministre engagé sur la voie royale de l'Élysée. Sans plus de forme, Balladur remercia la petite compagnie pour son inestimable soutien. C'était mérité ! « Nous avons avec nous les télés, *Le Monde*, les hebdos ; c'est joué », affirmaient les balladuriens six mois avant l'échéance. C'était gagné. Ne restait qu'à organiser le déménagement sur l'autre rive. Service minimum pour le Jospin ressorti de derrière les fagots socialistes. Chirac ? À quoi bon perdre son temps et son argent à le suivre dans ses invraisemblables virées en province dans son Espace des familles ? *Le Monde* déroulait ses colonnes devant le Mamamouchi qui s'annonçait. Ne restait plus au « Jérôme » national qu'à donner la pleine mesure de son talent de météorologiste politique. Grand beau temps sur la France, vient-il fanfaronner sur le toit du journal, l'élection est jouée, Balladur à l'Élysée, Chirac à la lanterne, Jospin un petit tour et puis s'en va.

Lorsque soudain, début février 1995, le vent se mit à tourner en faveur de Chirac, certains crurent bon de déclencher le plan Orsec. Sortit du minis-

Les trois grâces

tère du Budget une enquête toute ficelée sur la vente pas très catholique de terrains à Paris, propriété de la famille Chodron de Courcel, celle de Bernadette Chirac. Livrée la veille, elle fut publiée le lendemain dans *Le Monde*. L'affaire fit du bruit mais pas suffisamment pour contrarier la remontée chiraquienne. Mis K.-O. dès le premier tour, Balladur aura eu le temps depuis de méditer sur les mille et une perfidies d'un pouvoir médiatique qui est le seul dans ce pays à n'avoir jamais aucun compte à rendre.

À qui le tour ? Martine Aubry, les quatre mousquetaires ont essayé, elle a résisté. François Bayrou, son flair de paysan le mettra peut-être à l'abri. Difficile de les éconduire. Car le petit monde politique sait bien qu'il vaut toujours mieux être avec eux que contre eux. Le départ de Claude Allègre du ministère de l'Éducation a été beaucoup commenté. Certes, il s'était mis les corporations d'enseignants à dos et le Parti socialiste a réclamé son scalp à Jospin. Leur amitié n'a pas pesé lourd, l'amitié ne pèse jamais lourd sur la balance non équitable de la politique. *Le Monde*, qui garde une audience dans ce milieu, ne l'a pas épargné non plus. Pour Colombani, Allègre était l'ami de Denis Jeambar, le patron de *L'Express*, qui, quelques semaines plus tôt, était parvenu, avec le soutien de sa rédaction, à déjouer le projet de rachat de son journal par *Le Monde*. Allègre a payé cash cette amitié mal placée. Quand les petits seigneurs du pouvoir médiatique règlent leurs comptes, c'est aussi la politique qui trinque.

XV

La France mitterrandisée

La grandeur, vue de droite, c'était de Gaulle. Même les centristes qui se raccrochaient à leur Schuman avaient fini par verser dans le culte. Dès lors, la messe était dite. Le pauvre Général, on lui aura fait dire, depuis trente ans qu'il est parti, tout et n'importe quoi. Chirac le premier a déformé un uniforme bien trop ample pour lui. Il ne fallait pas le chatouiller sur l'héritage. Lorsque, au *Monde*, il a été décidé de présenter son RPR sous l'enseigne « néogaulliste », le néo en question lui est resté quelques semestres en travers de la gorge. À la présidentielle de 1995, il a su encore exploiter le filon, mais sa croix de Lorraine s'est perdue sous les pommiers. Pour qu'on continue de marcher dans la combine, il aurait fallu qu'il démissionne sur-le-champ après sa dissolution ratée et sa cohabitation forcée. Qu'il ait un semblant de considération pour la justice de son pays ! « Qu'aurait fait de Gaulle à ma place ? » Je ne peux pas croire qu'il ne se soit pas un jour posé la question ! La réponse, il la connaissait mais il l'a rapidement évacuée. D'ailleurs, si on y regarde bien, c'est depuis cette dissolu-

Bien entendu... c'est off

tion de 1997 qu'il a cessé de bassiner les Français avec son gaullisme d'opérette. Au cours de la dernière campagne présidentielle, on n'a même pas le souvenir qu'il y ait fait référence une fois. Au champ d'honneur de la droite, de Gaulle est bien mort. Connu pour ne jamais s'embarrasser de sa mauvaise conscience, Pasqua a tenté une énième captation d'héritage, mais il n'a fait que donner des idées à Le Pen qui, spécialiste de la question, s'est mis aussi à parler gaulliste. Jusqu'à ce que Chevènement s'en mêle, pensant que ses mimiques suffiraient à ressusciter à l'Est l'homme de Colombey. Dernières pitreries. De Gaulle en politique, c'est un fils amiral qui surnage au Sénat, c'est un petit-fils prénommé lui aussi Charles qui, pour se faire entretenir sur le compte du Parlement européen, a vendu son nom au Front national. C'en est un autre qui joue les utilités à Paris. De Gaulle ne doit plus avoir assez de place dans sa tombe pour se retourner. Le RPR est mort, vive l'UMP, la droite est logique avec elle-même, ses œuvres et ses pompes.

La grandeur, vue de gauche, c'était Mendès. L'homme intègre, courageux, fidèle à ses convictions, dont la première était que la politique est faite pour servir, non pour se servir. De Gaulle pour la grandeur de la France, Mendès pour la modestie du pouvoir ; durant des décennies, la politique a brûlé des cierges devant ces deux béatifiés de notre République. Mai 1981. Je revois encore Mendès en larmes, dans la salle des fêtes de l'Élysée, étreint par Mitterrand qui vient d'être intronisé. J'étais juste derrière, entre Edmonde Charles-Roux, l'épouse de Gaston Defferre, et Gilberte Mauroy. Un de mes

La France mitterrandisée

plus grands souvenirs. Nous avions tous conscience qu'une page d'histoire de la gauche se tournait sous nos yeux dans ce palais si longtemps pour elle inaccessible. J'ai réalisé plus tard que c'était aussi la page d'un certain idéal politique qui s'était déchirée dans des airs de fête.

Nous n'avons pas fini de payer les traites de quatorze ans de mitterrandisme. Sous le règne de François Mitterrand, le cynisme est devenu un art, le florentisme une nouvelle école, le mensonge l'arme des forts, le gouvernement des vices une vertu. Il pouvait tout se permettre et se permit tout. Les écoutes, les affaires, Tapie ministre, l'inventaire est connu. On n'exigea jamais qu'il fût de Gaulle. On le laissa tourner en ridicule Mendès. Mitterrand fit du Mitterrand. Tout cela fut encensé, célébré, consigné par une presse qu'il aura appris à séduire et à domestiquer. Elle lui renvoya cette image que toute sa vie il avait espéré se forger, celle du héros romanesque, du Bel Ami ne vivant que pour nourrir son inépuisable ambition de faiblesses humaines. Lorsque, en 1984, il gonfla la baudruche Le Pen pour la faire éclater à la tête de la droite, on s'extasia devant tant de machiavélisme, sans se douter qu'il allait polluer notre vie politique pour un bon bout de temps. Deux ans plus tard, il aurait pu refuser la première cohabitation avec Chirac, le visage de la France en aurait été changé. Au lieu de quoi, il se drapa dans les habits du monarque assiégé à la tête d'une France qui perdit son temps. On se pâma devant tant d'obstination, alors que, sous couvert de France unie, il ne voulait que le pouvoir, le confort du pouvoir, les vols en Concorde dont il ne se lassait pas, les échappées improvisées dans des contrées diverses, l'Élysée et ses annexes. On ne voulait pas admettre que c'était son unique ressort, renforcé par la volonté morbide de la mise en scène programmée d'une déchéance physique qu'il savait depuis longtemps inévitable. Tout un septennat y fut consacré. Les Français ont applaudi l'artiste qui voulait mourir en scène. Il y aura gagné quelques lignes supplémentaires dans nos manuels d'histoire, mais la France, elle, qu'a-t-elle gagné ?

Mitterrand est mort mais le mitterrandisme vit encore, panoplie jugée indispensable du « vrai politique ». Son cynisme éclairé reste la référence, son obsession du pouvoir pour le pouvoir le mode d'emploi, ses accommodements avec la vérité, la marche à suivre. Toute notre vie politique patauge à pieds joints dans cette médiocrité. Lorsque Jospin réclamait un droit d'inventaire, sans doute appréhendait-il le danger mais on ne l'a pas écouté et le mitterrandisme s'est vengé. Par un singulier clin d'œil de l'Histoire, voici déjà qu'on transforme hâtivement Jospin en petit Mendès, ce qui, par les temps qui courent, ne saurait être un compliment. Que le mitterrandisme reste le terreau de la gauche n'a rien d'étonnant, que la droite s'en serve aussi, sans l'avouer, aide à comprendre à quel niveau nous sommes descendus. Déjà, de son vivant, Mitterrand passionnait les gens de droite. Devant lui, Chirac était comme un petit garçon et quand il leur accordait audience, les Noir, Léotard, Séguin, Carignon, tous ces jeunes espoirs de l'époque rappliquaient ventre à terre pour prendre la leçon. Il leur fallait des semaines pour s'en remettre. Les moder-

La France mitterrandisée

nes tombaient dans la vénération et les « anciens » pouvaient aussi se laisser conquérir. Tel Pasqua que l'on disait blindé mais qui ne rechignait pas à se laisser attendrir. Tel Barre qui, en privé, ne se faisait jamais trop prier pour narrer ses entrevues secrètes avec celui qu'il appelait aussi « Tonton ». La mitterrandisation galopante des esprits s'opérait.

Les Français ne s'en sont aperçus qu'au jour de la disparition du grand homme, quand, sur leurs écrans, ils découvrirent un Chirac endeuillé rendant avec les mots les plus forts l'hommage présidentiel à son prédécesseur. C'est ce soir-là que Chirac a compris que, pour la garantie de son emploi, les aisances de la pratique mitterrandiste étaient de beaucoup préférables aux exigences de la discipline gaulliste. S'il n'avait pas l'art de Mitterrand, du moins en aurait-il la manière ! La gauche ne pourrait que le regarder faire dans son rôle d'imitateur. Et la droite suivre par discipline et souci d'efficacité. Comme Mitterrand, Chirac a donc accepté les yeux fermés la cohabitation, quitte à se transformer en roi fainéant, quitte à se déjuger maintenant que la droite détient des scores de soviets. Secouru par un mitterrandiste accompli, en la personne de Roland Dumas, président du Conseil constitutionnel, il s'est mis, comme son prédécesseur à l'Élysée, à botter systématiquement en touche sur le terrain pourri des affaires. Comme lui, il s'est tout entier consacré à sa survie au sommet de l'État où l'oxygène menaçait de se faire rare. Chirac est devenu un Mitterrand au petit pied et le modèle se perpétue. L'un a bluffé les Français, l'autre les fait ricaner, mais le triste spectacle continue puisque le titulaire du poste a été reconduit.

Bien entendu... c'est off

Raconter ainsi la politique ne se fait pas. Trop simple, beaucoup trop simple. Le journaliste politique ne doit jamais faire simple. Il doit toujours rendre compliqué ce qui est simple. Savoir transformer la prose en vers. Enluminer les fausses vérités et enterrer les vraies. Faire des basses œuvres de grandes pompes. Hisser les humeurs, les rancœurs, les trahisons ordinaires au rang de l'Histoire. Il a su théoriser sans se lasser sur le mitterrandisme, il saura tirer la quintessence d'un chiraquisme qu'il fera exister. Car telle est aujourd'hui la principale occupation de la « science politique » à l'ombre de laquelle il persiste à s'abriter.

Science éclairante lorsqu'on se battait pour des idées, science obscure quand il n'y a plus en débat que petits intérêts et préservation de postes. J'avais presque honte de devoir avouer à mes débuts que je n'avais pas « fait Sciences-po ». Je pensais que c'était une tare tellement certains me regardaient de haut. C'était une chance ! « La science politique n'existe pas. » J'ai entendu, au début de la campagne présidentielle, Chevènement le confesser après plus de trente ans de pérégrinations dans le milieu. Personne ne s'y est attardé. Car, on me l'avait rétorqué un jour, concéder un tel aveu, « c'est tuer le métier ». On vient de poser la question aux bacheliers : « La politique est-elle une science ou un art ? », signe qu'elle turlupine aussi nos enseignants. Ni l'un ni l'autre ! La politique c'est la vie et c'est en cela qu'elle reste passionnante. La vie, avec ses forts et ses faibles, ses droits, ses pas-droits, ses convaincus, ses traîtres, ses ambitieux et ses généreux. Trop simple encore. Pourtant, le reste

La France mitterrandisée

n'est que déguisements et arrangements. Science sans conscience n'est que ruine de l'âme. Sciences-po sans mauvaise conscience n'est que faillite de la politique. « Sciences-po » n'est plus qu'un moule déformant, un bocal hermétique de consanguinité médiatico-politique, une plaie purulente sur le corps arthrosé de la politique française.

Ses filières, c'est bien le mot, n'ont fait que resserrer les liens complices entre hommes politiques et journalistes politiques, formés et déformés à la même enseigne, imbus de leur savoir trompeur et dérivant la main dans la main sur le même radeau. Tous ces disciples borgnes me font penser aux médecins de Molière tellement ravis de parler leur latin de cuisine. Ils ne soignent personne. Personne ne les comprend. Ce n'est pas leur problème. Le sentiment d'appartenance à la même caste supérieure emplit amplement leur vie.

Ne pouvant soupçonner qu'un journaliste du *Monde* ne soit pas marqué de son label, le noble institut de la rue Saint-Guillaume me proposa, fort aimablement, de dispenser aux étudiants des séminaires sur un vaste programme pompeusement intitulé « éthique et communication ». J'y serais encore si, au bout de trois ans, je n'avais décidé, de moi-même, de clore cet enseignement qui nous emmenait loin, trop loin à coup sûr. À chaque rentrée, j'expliquais à ces très sages jeunes gens que je ne croyais pas à la « science politique ». Ils me regardaient avec des yeux ronds comme si je remettais en cause leurs années de scolarité. Je voulais leur enlever le latin de la bouche ! Nous passions nos heures communes à disséquer le discours des politiques, leurs motivations réelles, leurs évidentes contradictions, à démonter les ententes avec la presse et ils finissaient par comprendre qu'on se situait assez loin d'une science exacte. Ces étudiants étaient en troisième année. Ils terminaient. « Monsieur, ce que vous nous expliquez là, personne, ici, depuis trois ans, ne nous l'a jamais raconté. » C'était amusant, édifiant, consternant. Je me suis dit que, et pour eux et pour moi, il était préférable de cesser de secouer leurs petites et si fragiles éprouvettes, qu'il importait de les laisser paisiblement vaquer à leurs thèse, antithèse et synthèse.

Lorsque vous n'êtes pas riche, votre famille, vos maîtres essaient de vous constituer une petite épargne pour la vie avec quelques règles de morale simples : ne pas mentir, ne pas tricher, penser aux autres. Simples, ce sont eux qui le disent, on passe ensuite sa vie à vouloir naviguer au plus près mais on n'évite jamais tous les écueils. Quoi qu'on en dise, la France profonde s'accroche encore à ces bouées d'un bon sens résistant, mais on comprend qu'elle se mette maintenant à dériver lorsque, sur le pont supérieur, le règlement n'est apparemment plus le même. Nous sommes sur le *Titanic* : « Moi, mon cher ami, m'avait dit un jour de confidences Chaban, j'ai passé mon temps à dire la vérité et on ne m'a jamais cru. » On s'étonne, on s'est lamenté au cours de l'année écoulée. À quel sujet ? Toujours le même. Le rejet de la politique par les Français.

Comment pourrait-il en être autrement ? Cela fait des années que les uns et les autres ne pratiquent plus la même langue. On ne se souvient même plus de Rocard prêchant dans le désert le

La France mitterrandisée

« parler vrai » en politique. C'est que déjà quelque chose clochait. En face, Barre s'y efforçait mais on lui pardonnait. C'était son côté professeur d'université, ça allait lui passer ! Ça ne lui est jamais passé et la politique s'est vengée d'une telle incongruité. Et Delors qui pendant des mois a répété qu'il ne voulait pas aller à l'Élysée. Personne ne voulait le croire. Il insistait, on se pâmait devant une si grande finesse stratégique. Lorsqu'un dimanche soir, fin 1994, sur TF1, il répéta devant la France entière ce qu'il nous avait toujours dit en privé, on lui tomba sur le râble : cet inconscient qui disait la vérité !

Jospin aurait dû retenir ces leçons. Au lieu de cela, durant le temps qu'il séjourna à Matignon, on l'a entendu s'excuser d'une mauvaise décision, reconnaître ses erreurs devant les députés, et cela ne lui a pas suffi. Au cours de la campagne présidentielle, il a encore fallu qu'il demande l'absolution pour ses divagations aériennes sur l'âge de Chirac, qu'il confesse sa candeur — « naïveté », a-t-il osé dire — sur les questions de sécurité. Insupportable ! En quelque quarante ans de vie politique, a-t-on jamais pris Chirac en flagrant délit d'aveu de quoi que ce soit ?

Chaban, Barre, Delors, Rocard, et même Jospin, ils finiront tous dans le même sac avec, par-dessus, la grosse étiquette indécollable : « pas-fait-pour-la-politique ». Bayrou aussi devrait se méfier. En s'entêtant à vouloir dire maintenant ce qu'il pense, il pourrait bien s'y retrouver. Car pour les petits maquignons des rédactions qui, chaque matin, s'en vont tâter les culs du cheptel politique, il n'y a que deux races de bêtes : les « vrais politiques » et les

Bien entendu... c'est off

« pas politiques ». Lorsqu'au *Monde* j'entendais dire, dans nos conciliabules permanents, celui-là « n'est pas un politique », il n'y avait pas plus grave sentence. Comment distinguer les « vrais » des « pas », fallait pas poser la question ! Ça ne se dit pas. Ça se devine. Vous faites un grand pas dans le journalisme politique lorsque vous saisissez que tout ce petit monde fonctionne à rebours du bon sens populaire. Pas mentir, pas tricher, partager, le peuple a le droit d'y croire, le « vrai politique » doit se l'interdire. Mentir doit être son pain quotidien. Tricher son obsession. L'égoïsme son talisman. Faire ce que l'on dit ? Dire ce que l'on fait ? C'est bien le genre d'engagement à ne jamais prendre. Car « eux » savent ce que le peuple a le droit de savoir. Un droit sur lequel il importe de colloquer en rond régulièrement pour affirmer une bonne conscience qui ne doit jamais se relâcher. À chaque fois la question est solennellement posée : le peuple a-t-il le droit de tout savoir ? À chaque fois, la même réponse est solennellement assenée : « Non. » Le peuple est trop con ! Le mépris devant rester confidentiel, on ne le dit pas sur les tribunes mais le langage de cour se résume à ce petit mot de trois lettres. La plèbe ne saurait être informée de tout sans grand dommage pour son moral qui doit rester bon. Alors le « vrai politique » doit mettre tout son être dans le paraître, toujours dissimuler, ne jamais avouer, ne jamais brader ses intérêts, flatter, conforter, ne pas bousculer, savoir diviser pour mieux s'incruster. Alors le vrai journaliste doit être le frein à main de notre démocratie. Filtrer, accommoder, adoucir la noble matière. Quel beau métier ! « La politique a sa source dans la perversité plus que dans la grandeur de l'esprit humain », disait Voltaire.

La faute à qui ?

XVI

La folie de la télé

La politique, c'est la vie, mais la vie avec la télé. Pas pour la regarder mais pour y passer. Obsession permanente, démesurée, avilissante. Ils ne sont plus des acteurs mais des lofteurs. Ils ne vivent plus que pour le quand-verra-t'on ! Pour exister, se sont-ils persuadés, il faut paraître. « Avant, m'expliquait Sarkozy, on faisait et après on faisait savoir. Maintenant il faut faire savoir et on voit si on peut faire. » Les campagnes ne sont plus que des compilations de clips. C'est le père Bouygues qui, l'un des premiers, a compris dans quelle aliénation médiatique ils étaient prêts à sombrer. En créant la petite succursale de TF1, la « tout-infos » LCI, devenue la chaîne en circuit fermé du microcosme, TF1 pour les grands, LCI pour les seconds couteaux, la maison Bouygues, en même temps qu'elle cimentait ses amitiés politiques, a su créer la malsaine émulation. Avec les sondages, la télé est devenue la drogue dure des politiques ; les deux faces du miroir déformant. On se plaint aujourd'hui que la politique manque de grands esprits, de personnages en quête de hauteur, que la vraie culture ait été chassée des

Bien entendu... c'est off

travées. C'est le résultat de la nouvelle « science-télé » : plus de texte, mais de l'image ! Plus de discours, mais des messages. Elle exige temps, persévérance, entregent, débrouillardise et, on l'a dit, entraînement.

Et de bons sondages ! C'est la science politique du pauvre qui en a enrichi beaucoup mais les politiques ne peuvent plus faire sans. BVA, Sofres, CSA, Ifop, ils consomment de tout. Les grands, les petits, les études, les indices, les baromètres, ils perdent la tête s'ils n'ont pas le nez dessus. Ils sont comme les turfistes au bout du champ de course, les boursicoteurs du Cac 40, il leur faut leurs pronostics, leurs cotations. Plus un ministre ne fonctionne, plus un parti ne se pilote, plus une carrière ne s'édifie sans ses batteries de sondages, ses quintaux d'études de toutes sortes et ses vitrines de baromètres. On s'est éloigné des réalités pour s'enfoncer dans le virtuel. Avec leur patente d'institut, les sondeurs ont réussi à mettre la politique sous perfusion et, encore plus fort, à convaincre leurs estimables clients que la politique était tellement compliquée qu'il faut une fortune même pour se faire battre. Les payés sont devenus les conseillers. Gourous de droite comme de gauche, la cohabitation ne leur a jamais posé de problème, bien au contraire. Ils se sont rendus indispensables à tous. Y compris aux journalistes. On n'enquête plus, on sonde ! La France politique est devenue un catalogue d'échantillons, de panels, de tranches de population. On ne décrit plus, on compte !

Les sondeurs commandent, consolent, conseillent, confortent, ils font et défont, dictent au gré de

La folie de la télé

leur petit jeu de société. On avance de trois cases, on recule, on tombe dans le puits, les sondages peuvent bien se tromper, c'est la règle. Trois points de perdus, j'en ai vu au bord de la déprime. Un demi-point de pris, on m'a offert le champagne. Certains paient pour pouvoir amener leur nom au bas des échelles de popularité et de satisfaction. Combien sont obsédés par cette unique question, fondamentale, essentielle, incontournable : comment entrer au baromètre mensuel, ce hit-parade reconnu de nos variétés politiques classant tout au long de l'année les favoris, les outsiders et les délaissés, et imposant du même coup aux grands médias les ordres d'apparition. Pour arriver à l'antenne, on se bouscule. Comment s'y accrocher, comment ne pas retomber, mouvements perpétuels. Sur cette échelle de Richter du tremblement médiatique, ils rêvent tous de figurer. Ils ne veulent pas laisser leur nom à la postérité. Ils veulent leur nom au baromètre. Ils ne rêvent plus d'être de Gaulle, Mitterrand, un nouveau Pinay ou un Rocard qui réussit, ils veulent être Jack Lang ou Philippe Douste-Blazy, populaires pour ce qu'ils paraissent être à la télé, pas pour ce qu'ils font !

Tous ces députés frais émoulus qui entrent au Palais-Bourbon comprendront très vite que même dans leur hémicycle la télé fait la loi. Les anciens vont s'empresser d'expliquer aux bizuths qu'il y a, chaque semaine, deux séances à ne rater sous aucun prétexte, celle des questions au gouvernement des mardis et mercredis après-midi, les seules à être retransmises en direct par la télévision de la France des régions. Impact énorme auprès des

Bien entendu... c'est off

retraités, dernier noyau dur de l'électorat national, à soigner en priorité. Deux heures par semaine pour entretenir d'un commun accord l'illusion d'une Assemblée assidue, consciencieuse et au fait des préoccupations des Français. Un hémicycle empli pour cacher le désert des autres jours, des parlementaires de la majorité toujours opinant du chef, ceux de l'opposition toujours réfugiés dans la plus grande contrariété ; les rôles, suivant les législatures, peuvent s'inverser mais le spectacle est toujours le même. Avant, ils se seront battus comme des chiffonniers pour pouvoir poser une question, pour pouvoir, lorsqu'on est dans la majorité, servir la soupe à un ministre qui a un message essentiel à délivrer. Une fois les heureux questionneurs désignés, les plus roublards repéreront leur place sur les bancs, afin de pouvoir se déplacer de question en question pour se tenir le plus longtemps possible dans l'œil des caméras. Un député se lève pour interroger le ministre, une grappe de collègues s'accroche aussitôt à son veston pour la figuration. Gymnastique grotesque. Pour quelques images furtives, le député de base est déjà disposé à toutes les contorsions.

Alors, quand on promet à ceux au-dessus de lui quelques minutes d'antenne, quand on fait miroiter à ceux plus au-dessus encore une invitation au 20 heures, quand on vous promet la consécration d'une émission entièrement dévolue à votre personne, la folie gagne. Les sondeurs, les journalistes, les grands communicants de la place sont appelés à la rescousse. Il va falloir des jours et des jours pour réfléchir au meilleur profil, à la plus belle image et au message le plus percutant.

La folie de la télé

Cela commence presque systématiquement par l'opération « relookage ». L'habit ne fait peut-être pas le moine, mais pour les rites de la télévision, le style fait le politique. Il faut beaucoup travailler, ne rien improviser, se fixer sur les détails. Teindre les cheveux s'il le faut. Changer les montures de lunettes si nécessaire ou adopter comme Chirac les lentilles pour mieux regarder les Français au fond des yeux. Abandonner d'urgence les costumes de confection pour le prêt-à-porter de grande marque. Enfin, bien réfléchir à la couleur des cravates et des chemises. C'est seulement lorsque ce travail de transformation est accompli que vous pouvez réfléchir au message que vous voulez porter.

Le style fait le politique, il fait aussi le message. Jospin se rapproche de l'officialisation de sa candidature à l'Élysée, on s'empresse de lui faire changer de tailleur. Il résiste. On le lui impose. Fini les costumes flottants, un brin décontractés, le voilà dans ses costumes de marié. Le message doit être clair : voyez, Françaises, Français, comme il pourrait porter l'habit de Président. Sauf qu'on ne pourra jamais relooker la tête de ceux qui sont de l'autre côté de l'écran. Eux, en le voyant ainsi déguisé, auront retenu que le Jospin était peut-être plus influençable qu'il ne le prétendait. Les chaussettes de Bérégovoy, les mi-bas de Balladur, les politiques pensent toujours pouvoir jouer avec leur image, il arrive que ce soit leur image qui se joue d'eux. Quand ils réalisent, c'est toujours trop tard.

S'il est encore trop tôt pour reconnaître en lui un grand politique, on sent en Raffarin le grand esprit en communication. Toute sa publicité gou-

Bien entendu... c'est off

vernementale gravite autour de ce seul petit mot : modestie. Pouvoir modeste, Premier ministre modeste, ministres modestes, ce fut le mot de l'été. La télévision ne requiert pas des politiques des positions, elle veut des postures. En voici donc une du plus bel effet, mais somme toute traditionnelle. La modestie ne guide les politiques qu'au lendemain des élections, jamais le surlendemain. Chirac nous avait fait le coup en arrivant à l'Élysée en 1995. Le clip avait été diffusé sur toutes les antennes : nouveau Président circulant à Paris dans sa voiture (avec chauffeur tout de même) mais respectant les feux rouges. Si grand et si parisien ! Touchant ! Sa modestie n'aura circulé qu'une semaine. L'image était acquise. Circulez, il n'y a plus rien à voir. Raffarin va donner à voir sa modestie plus longtemps, on devine qu'on y a beaucoup réfléchi autour de lui. Vocabulaire modeste, il a choisi le langage du Poitou ; tenue modeste, là il fait fort, puisque son plan de relookage consiste à le « délooker » pour composer son allure pas banale de charcutier en goguette. Ne lui manque plus que le grand tablier blanc à bretelle unique, le bic derrière l'oreille. Ses lunettes se retenant sur le bout du nez pour faire quand même charcutier arrivé, on en vient à se demander s'il ne se fait pas exprès tailler des costumes encore plus larges pour nous faire croire qu'il s'équipe dans les grandes surfaces. Jospin avait fini tiré à quatre épingles, Raffarin commence en débridant les épaulettes. Combien de temps va-t-il tenir ? La télé va-t-elle se satisfaire de cette modestie apprêtée qui déroge à ses canons de présentation ? Ainsi déguisé, s'il n'était pas Premier ministre, il n'aurait droit

La folie de la télé

qu'à France 3. Mais il est premier de la nouvelle classe, les chaînes lui sont ouvertes.

Car la télé a inventé ses propres règles de reconnaissance médiatique. Dans la course à l'audience, il y a aussi les bons et les mauvais couloirs. Dans chaque parti, les dossards se négocient âprement. Un soir d'élections, la question n'est jamais : qu'est-ce qu'on va faire après, mais : sur quelle chaîne tu vas ? Car la science-télé a désormais ses experts. La composition d'un plateau de télévision est devenue plus importante qu'un congrès. Juppé, chez PPDA, plus de question à se poser, c'est bien lui le patron de la nouvelle grande surface de l'UMP. Delanoë « chez Patrick », le soir du second tour des législatives, il faut comprendre qu'il n'a plus envie de rester parqué à l'intérieur de son périphérique. Il y a le coup de feu des élections, mais pour se réchauffer au soleil médiatique, il convient d'être attentif à tout. C'est un travail quand certaines émissions vous permettent d'amener vos invités qu'il faudra disposer derrière votre honorable personne par ordre d'importance. L'importance que chacun se donne ne trouve jamais le bon siège. C'est comme à l'Assemblée, il faut être dans le bon angle. Être vu est le début de la reconnaissance.

La télé n'est pour eux qu'un mât de cocagne. Les dégâts qu'elle peut occasionner, les dégâts qu'elle peut leur faire, ce n'est pas leur problème.

La télé a multiplié ses chaînes, jusqu'à l'overdose pour beaucoup, seul soupirail avec vue sur la vie normale, ouvert du matin au soir. On bouffe le midi devant la télé. On bouffe le soir devant la télé. Chaque jour, les Pernaut, Bilalian, PPDA et maintenant

Bien entendu... c'est off

Pujadas ont leur couvert en bout de table. Ils servent leur soupe, empilent leurs images, moulinent l'info, et le tout, à l'autre bout, est avalé vite fait, n'importe comment. Ces journaux télé sont devenus pour l'information du citoyen ce que sont les hamburgers à la gastronomie française. Une information hachée entre deux tranches d'émotion imbibées de sauce racoleuse. Multipliant, pendant la campagne, les quarts d'heure sur les ravages de l'insécurité dans notre douce France. À chaque sujet, on pouvait imaginer les bulletins FN allant se fourrer au fond des urnes. Pour le comprendre, encore aurait-il fallu que les responsables politiques prennent place devant le poste, mais voyons, à 13 heures, c'est l'heure où élus, journalistes, conseillers grands et petits déjeunent dans le beau Paris pour refaire leur petit monde pendant que le vrai va son train.

J'imaginais la tête des types en bout de table dans leur cité de retraités et de jeunes désœuvrés, plongés dans ce feuilleton quotidien de premier tour de la peur, de la psychose et du psychodrame. Je les entendais : « T'as vu ce qu'ils ont dit à la télé ? » Dans ces corons comme dans tout ce Nord délaissé, Le Pen a fait sa fortune sur les vieux gravats communistes et socialistes. On ne comprend pas ce qu'on ne voit pas. Ils ne sont pas fachos. Ils sont devenus accros à cette télé-là, télé pas chic mais télé choc, leur dernière corde de rappel sur les parois trop abruptes de notre société. Avant, il y avait le curé, l'instit et même le militant du coin pour prêcher la raison et éclairer les lanternes. Plus de curé, l'instit est dépassé et, dans les partis, les « compagnons »,

La folie de la télé

les « camarades » sont de l'histoire ancienne. Pour les gens simples, par un suprême dédain, la télé fait de plus en plus simple avec une information de plus en plus compliquée. Avant, la télé prenait les gens pour des grands, même les gens du petit peuple. Aujourd'hui, elle prospecte ses fonds de commerce et enchaîne les têtes.

Moi, je n'avais même pas le début d'une chaîne mais chez les copains je voyais bien que leur télé, qui leur avait déjà coûté des mois d'économies, c'était le pouls du logis. C'était le meuble qu'on astiquait chaque samedi, une fenêtre qu'on ouvrait chaque soir avec quelque précaution, une salle de classe, une salle de spectacle, une salle des pas perdus sur la vie. On regardait le journal en silence, les grands débats réunissaient les familles. La télé faisait savoir et faisait connaître. Ce temps paraît si loin, pourtant cette télé-là avait déjà ses couleurs.

Celle d'aujourd'hui déborde de chaînes mais elle est devenue le maillon faible de notre démocratie. Comme les politiques sont en état de prosternation continue devant elle pour leur si indispensable existence médiatique, que la presse écrite a désormais partie liée avec les grandes chaînes, rien ne risque de changer.

Qui osera ouvrir le procès ? Le socialiste Julien Dray avait à peine commencé à lever le petit doigt pour protester contre « TF-haine » qu'il était déjà déclaré *persona non grata* sur TF1 et LCI ! Ils ont eu encore plus la trouille ! Trouille de ne plus être invités, de perdre leurs miettes d'image et d'être rayés pour longtemps des écrans. Ils continueront de se prostituer pour aller faire de la variété chez

Bien entendu... c'est off

le gentil Drucker. Ils accourront pour débattre à des heures qui ne sont plus, comme dirait l'Arlette, des heures de travailleur. Ils expliqueront qu'on ne va tout de même pas retourner à la télé de grand-papa Peyrefitte, sempiternel argument pour évacuer leur couardise. Ils n'ont pas bronché quand les grandes émissions politiques ont été passées à la trappe ou repoussées dans les profondeurs nocturnes des grilles. La politique à l'heure du foot, plus question ! Ça n'intéressait personne et, les yeux scotchés sur ces foutus compteurs de médiamétrie, ces messieurs qui décident en hauts lieux de ce qui doit plaire en tous lieux l'ont cru et fait croire. Même ceux des chaînes publiques, censés pourtant être au service des citoyens dont ils exigent annuellement redevance, ne se sont pas posé de questions. Précisément ces chaînes étaient redevables de politique. Tous ministres, députés, opposants, majoritaires auraient dû faire grève de télé jusqu'au rétablissement de ce service public. Vous n'y pensez pas ! Un jour sans télé ! On geint sur la perte du sens civique, l'enterrement du débat public, l'ankylose des opinions, la fuite des programmes.

La télé du Bigdil, du Loft, d'Arthur et associés a joué aussi de vilains tours. Certains se sont vite rassurés. On allait fournir sa chaîne parlementaire au bon citoyen, au citoyen branché ou plutôt câblé ! Sur les deniers de nos assemblées, ces chaînes réussissent l'exploit de se moquer du peuple. Audience transparente, recasage des copains et retraités, on ne pourra jamais faire pire. Pas étonnant que « les Guignols » aient pu prendre leurs aises, que le bizarre Karl Zéro, sur le même canal, soit devenu,

La folie de la télé

dans ce pauvre paysage, une référence. « La référence Zéro » ! Troubadour d'un nouveau genre, petit fou du roi dont chacun en plus accepte le tutoiement. Comment imposer le respect quand on ne se fait plus soi-même respecter sur la place publique de la télé ? Mais comment aussi refuser une invitation de monsieur Karl Zéro ? Tristement cornaqué par le Séguéla de retour, même Jospin n'a pu résister. C'est tout dire. « Faire de la politique autrement », dans la panique générale du moment, on a ressorti vite fait le slogan. Qu'ils commencent par faire de la politique autrement à la télévision.

La seule réponse à la démagogie, c'est la pédagogie. Mission éminente de la presse écrite, dit-on. Fort bien. Mais quand ces journaux n'entrent pas chez des millions de Français, que les foyers sont de plus en plus inscrits au tout-télé, que fait-on ? C'est la quadrature du cercle médiatique. Ayant délaissé le terrain de la pédagogie, la télé s'est offerte à toutes les démagogies. « À la télé, c'est terrible, m'avait un jour expliqué Fabius, quand je commence une phrase, je peux mettre un sujet, un verbe, mais on ne me laisse même pas le temps d'ajouter un complément ! » Pour un Chirac prompteurisé, cela n'a pas été un inconvénient, mais plus sérieusement c'est toute la politique qui paie maintenant au prix fort cette absence de complément. Une population désinformée devient une population déformée. *Le Monde*, *Libé* et consorts peuvent se lancer dans de grandes croisades anti-Le Pen, trop tard. La télé a mis la démagogie dans des draps de soie et endormi des millions de consciences en favorisant chez les défavorisés l'alanguissement intellectuel.

181

Bien entendu.. c'est off

J'enrage bien sûr de voir le Nord partir à la dérive, se raccrocher à la fausse bouée Le Pen pour sortir de son océan de tristesse et d'abandon sur horizon bouché. Quand je vois ces foules au stade Bollaert de Lens, comment croire que sur ces gradins il y a trente pour cent de gens prêts à marcher au pas sous une croix gammée ? Ils sont paumés, n'ayant plus rien ni personne à respecter. Acier, charbon, textile, pendant des générations on leur a fait croire qu'ils constituaient les poumons du pays. Tout est parti, normal qu'ils trouvent qu'avec eux, c'est ce même pays qui ne manque pas d'air. On leur a expliqué qu'ils étaient des privilégiés, puisque bien placés au carrefour de l'Europe. À Lille, sans doute, mais ailleurs ils ne voient défiler que les TGV, de Bruxelles et de Calais, les camions et les passeurs de drogue. Selon que vous êtes pauvre ou riche, l'information n'a pas le même goût.

Petit exemple entre cent. À Paris, on se bat pour la dépénalisation du cannabis, on l'entend au cours de la campagne, les gens des corons et des HLM du Nord l'entendent à la télé. Que retiennent-ils ? Que tous leurs jeunes, sans emploi déclaré, qu'ils voient à longueur d'année faire dans leurs belles bagnoles le trafic d'herbe avec la Hollande, vont pouvoir circuler en toute « dépénalisation » sans aller en prison. Marché libre, marché noir, marché pourri. Dépénalisation, impunité. Liberté à Paris. Scandale par-delà le périph ! Qui va expliquer ? J'enrage, mais je comprends. Je me suis posé la question depuis ce sale premier tour. Si j'avais dix-huit ans aujourd'hui, si je vivais encore à l'ombre de ces terrils funèbres, dans ces cités qui n'ont plus une seule

La folie de la télé

salle des fêtes encore ouverte, sans le moindre espoir de trouver un boulot, sans la moindre chance, puisque l'ascenseur social se trouve coincé dans nos étages républicains, de pouvoir aller voir du beau côté de la « fracture ». Entre charrier de l'herbe et voter Le Pen, je crois que j'hésiterais !

XVII

Vie privée, vie publique

C'est le dessert des desserts ! le Dalloyau du *off*, celui qui fait saliver tout le monde mais que l'on se partage vraiment entre gens de confidence sinon de confiance. Le super-*off*. Le *off* se chuchote. Le super-*off* se déguste à demi-mots nappés de sous-entendus qui tiennent... aux corps. Le super-*off* est tout entier dans cette question devenue nom commun que les passionnés prononcent d'un seul trait : le « quibaisequi ? ». Faut-il ici en préciser la recette ? « Quelle est la dernière maîtresse de celui-là ? » « On m'a dit qu'untel est homo, c'est vrai ? » « Et celle-ci, pour être au premier rang à la tribune, elle a couché avec qui dans le parti ? » « Et celui-là qui est toujours invité sur France 2, il a dragué quelle journaliste ? » « Et le sénateur machin, toujours le même entrain pour les petits garçons de Marrakech ? » « Vous la connaissez, la dernière copine transalpine du Président ? » « Et cette nouvelle ministre de droite qui vient de trahir tous ses amants de gauche ? » Le super-*off* exige naturellement d'avoir des fiches à jour et... à nuit, astreinte bien légère comparée à la jouissance certaine de

Bien entendu... c'est off

la discipline. Vous tâtez le « sein des seins » de la République. Tandis qu'à l'intention du citoyen ordinaire s'organisent les visites groupées des palais, nanti du badge super-*off* vous avez portes ouvertes sur les appartements privés où se vautrent le croustillant et le sordide. Détenteur de ces informations, c'est alors que vous mesurez à quel point elles constituent l'apanage le plus abouti, le plus réservé, le plus envié de la caste supérieure autodécrétée. Les dîners en ville deviennent petits bonheurs. De quelques miettes d'indiscrétions jetées entre deux coupes, vous pouvez exciter les papilles des ignorants affamés. « Et untel ? » « Et unetelle ? » « Dites-nous encore, cher ami. » Ils insisteront, alors il faudra prendre congé, les laisser sur leur faim. Il leur suffira de savoir que rien, pour peu qu'il le veuille, ne peut décidément entraver la curiosité du journaliste politique. Et que rien, parce qu'il le veut, ne pourrait jeter son savoir dans toutes les mains.

Par-delà la muraille du *off*, il y a encore droit devant vous ce haut mur lisse du super-*off*, celui de la vie privée, avec tous ses panneaux « défense d'afficher » qui ont transformé le Landernau en Cité interdite. À l'abri de ses hauts murs, chacun peut cultiver ses jardins secrets de duplicité. Le Pen n'a pas eu à solliciter la permission pour s'y réfugier lui aussi. On l'a accueilli à bras ouverts.

Lorsque je m'occupais de son cas, je pensais qu'il fallait pousser plus loin encore nos travaux d'investigation. Car on se trouva bien vite devant une vraie difficulté. Pouvait-on laisser réchauffer les plats du « travail, famille, patrie » et faire semblant de ne pas

Vie privée, vie publique

savoir que certains ne se distinguaient que par leur dépravation poussée ? Pouvait-on commenter les parties de bras de fer chez les lieutenants lepénistes sans s'attarder sur les rivalités personnelles d'ordre privé qui les justifiaient, avec, en tête des égéries convoitées, Marie-France Stirbois et Yann Piat ? Dès 1933, le premier organe de presse que Hitler fit interdire en Allemagne était un tout petit journal de Bavière, le *Münchner Post*. Depuis dix ans, ses journalistes n'avaient jamais hésité à raconter ce qu'ils savaient des turpitudes de ces nazis qui prétendaient incarner la race pure, à commencer par cette sous-culture du vice dont Hitler lui-même se délectait. Les lieux de débauche, les séances de photo, les parties obscènes, les obsessions de l'Adolf, ils ne cachèrent rien. « Chaude camaraderie à la maison brune », osèrent-ils même titrer dans l'un de leurs numéros de juin 1931. Hitler appelait ce journal « la cuisine aux poisons » ; ce fut la seule feuille qui réussit vraiment à déstabiliser ces futurs criminels de l'humanité. Le *Münchner Post* fut anéanti par la rage destructrice des SA. Hitler était parvenu à se débarrasser de sa bête noire. Ces journalistes inconnus avaient écrit l'une des pages les plus héroïques du journalisme. Depuis que j'ai lu cette histoire, je me suis souvent demandé si un tel acte de courage eût été permis dans nos rédactions de France. Je crains trop de connaître la réponse.

La politique est une chose, les mœurs en sont une autre, n'est-ce pas ? On a agité le drapeau blanc devant Le Pen. Trêve. Signons-la, monseigneur ! Je vous tiens, vous nous tenez, alors convenons de la fermer. Pacte solide. Le Pen peut bien à longueur

Bien entendu... c'est off

d'année pilonner « l'établissement », l'a-t-on vu s'aventurer sur les domaines privés de ses adversaires ? Chez ses voisins de droite comme dans toute la gauche, on joue les fiers-à-bras en secouant l'épouvantail, mais qui a eu le courage d'aller plus loin ? C'est comme pour les détournements de fonds et de subventions, pour qu'une loi du silence s'impose, il ne faut laisser personne de côté. Mais qu'il s'agisse d'histoires de gros sous ou de fesses, chacun dans le milieu pourrait vous rassurer : l'extrême droite est d'une totale correction. Le « système » lui devient supportable dès lors que ses petits intérêts ne sont pas négligés et ses petits secrets bien protégés.

De sa vie, de ses mœurs, chacun est libre, bien sûr. Mais lorsque ce « chacun » est un politique, ce ne peut être qu'une liberté surveillée. « On ne fait pas de la politique avec la morale, mais on ne le fait pas davantage sans », avait dit un jour Malraux. Ce sacro-saint principe du respect de la vie privée que l'on persiste à brandir dans nos rédactions et dans les prétoires n'est en fait qu'une tromperie de plus, n'ayant profité qu'aux politiques. On voudrait nous faire croire que c'est la dernière ligne de démarcation entre la presse qui se dit sérieuse et celle qui ne se dit jamais *people*. Faire croire à qui ? Les politiques respectent-ils cette ligne quand ils se pressent pour s'afficher sur les papiers glacés avec femme, enfants, chien, chat, dans leur ministère, leur cuisine, leur maison de campagne, les musées, les restaurants, à la montagne, à la mer, à pied, à cheval, à vélo, bras dessus bras dessous, main dans la main, câlins, complices, amoureux ? Toutes les photos

Vie privée, vie publique

sont bonnes. Pour leurs meilleurs atours ils ne sont jamais regardants. Pour leurs pires détours, ils ne veulent pas que l'on regarde. La presse *people* soigne le décor. La presse sérieuse doit ignorer l'envers.

On voudrait nous faire croire que c'est l'honneur, le grand honneur de la grande presse française que de ne point s'abaisser à s'immiscer dans les vies privées de nos grands hommes ! Faire croire à qui ? *Le Monde* a déclenché un plan intérieur d'urgence pour publier en premier le rapport de la justice américaine sur les liaisons particulières et *made in Cuba* entre Clinton et sa stagiaire préférée Monica Lewinski. Pourquoi n'a-t-il pas fermé chastement les yeux sur ces aspects croquignolesques de la vie privée du Président américain ? Lorsque, chez nos voisins, des ministres doivent démissionner pour des affaires de mœurs, que des responsables sont écartés parce que leur vie dément leurs discours, cela ne nourrit-il pas aussi nos colonnes bien françaises ?

La vie privée des politiques n'intéresse les journaux sérieux que lorsqu'elle sort de nos frontières. Le *off* est un délit d'initié. Le super-*off*, le grand bal des hypocrites. Que Mitterrand ait eu une jolie petite fille en dehors des liens « sacrés » du mariage n'intéressait personne. À partir du moment où l'on sut que la petite fille et sa maman étaient logées dans un palais annexe de la République, quai Branly, qu'elles voyageaient dans les avions du Glam, qu'on les retrouvait en vacances à l'étranger aux frais de l'État, était-il permis de se taire ? Depuis des années, le fait du prince défrayait, c'est le cas de le dire, la petite chronique particulière de la

Bien entendu... c'est off

cour, c'était l'un des morceaux de choix des dîners en ville. Un jour, c'était Léotard qui racontait avoir croisé la veille au soir, sur les pistes privées du Bourget, Mitterrand et Mazarine revenant par avion de la République d'une escapade familiale. Un autre jour, en pleine affaire Pelat, l'ami du vieux Président, que *Le Monde* présentait en feuilleton, ce fut Henri Emmanuelli qui pouvait nous narguer : « De toute façon, dans cette affaire, votre journal ne pourra pas aller très loin, car il va buter sur Mazarine et vous ne pouvez pas en parler. » Un autre jour enfin, on découvrait qu'une certaine presse s'était chargée, elle, de dire ce que nous ne voulions pas dire. *Minute*, l'hebdomadaire de l'extrême droite, en faisait ses choux gras. J'ai retrouvé le numéro du 17 mars 1993 : « Exclusif : le domicile secret de Mitterrand. » Trois pages d'enquête avec photos à l'appui, expliquant comment et avec qui, sur l'autre rive de la Seine, un chef d'État français pouvait vivre caché en plein Paris. « *Minute*, l'hebdo qui en sait trop », la presse qui n'en disait pas assez fit à ce moment-là sa fortune. Les convenances l'avaient une fois encore emporté sur les consciences, le peuple n'étant jamais assez majeur et vacciné pour être confronté à de si « brutales » réalités. Jusqu'au jour où le vieil homme choisit lui-même, au moment qu'il avait décidé, dans l'hebdomadaire qu'il avait sélectionné, de porter officiellement sur le devant de la scène médiatique sa petite fille chérie. La vie privée de Mitterrand coûta cher aux deniers de la République pendant plus d'un septennat, mais à l'égard des Français, la presse, elle, préféra se payer de mots.

Vie privée, vie publique

Jusqu'à quand le peuple aura-t-il le droit de ne pas savoir, jusqu'à quand faudra-t-il garder par-devers la plume ces secrets malsains de la République qui pourrissent sur place et qui hélas, sur le terrain en jachère des idées, sont devenus des clés essentielles du jeu politique ? Comment a-t-on pu parler d'une affaire Carignon sans parler des protections dont il a longtemps usé auprès d'un réseau homosexuel, d'autant plus puissant sous le toit de la politique qu'il fait fi des conventions gauche-droite ? Mais l'ex-maire de Grenoble et ancien ministre RPR s'est marié avec son attachée de presse. Carignon n'avait jamais supporté, lui aussi, le voisinage encombrant et lyonnais de Noir. C'en était presque physique. « Moi, disait-il, je ne suis pas un grand qui domine, je suis un petit qui piétine. » Carignon piétina tout et, encore une fois, les observateurs se contentèrent d'observer. Jusqu'à ce qu'enfin la justice mette son grain de sel dans cette façon particulière de se sucrer. Alors ce fut l'hallali. La vérité ne se redresse dans nos rédactions que lorsque la bête est mise à terre.

Le bon, le beau, le grand Roland Dumas n'a jamais été moins bon, moins beau, moins grand qu'après que sa maîtresse femme Deviers-Joncour vînt exposer de quelles libéralités ce grand libertin de la mitterrandie avait su jouer. L'avocat du *Canard enchaîné* avait toujours su protéger ses arrières mais l'on se doutait bien qu'à ce ministre des Affaires étrangères, les vraies affaires n'étaient pas étrangères. Provisoirement amoureux, à l'époque, d'une riche héritière d'un dignitaire syrien, ne l'avait-on pas vu mener, pour sa réélection de député en Dordogne, une cam-

Bien entendu... c'est off

pagne avec grands moyens ? Un ministre de la République subventionné par la Syrie, cela fit quelques lignes mais on n'alla pas non plus chercher plus loin. Quand même, lorsque Mitterrand poussa son fidèle à la présidence du Conseil constitutionnel, on sentit bien que notre droit national partait de travers, qu'une telle promotion prenait l'allure d'une vraie provocation. De quelques petites insinuations, on émailla les commentaires avant d'en revenir bien vite à la raison d'État, cet essuie-tout inusable du journalisme politique. Il importait de respecter la fonction, quitte à se faire, pour le coup, plus royaliste que le roi.

On n'en a pas demandé davantage à Giscard, lors des dernières élections européennes de 1999. Une Mazarine pouvait-elle cacher un Mazarin ? Certains font courir l'histoire mais aucun n'a moufté. À ces élections, la droite présentait deux listes, celle de l'opposition unie RPR-Démocratie libérale emmenée par Sarkozy et Madelin, et celle estampillée UDF européenne pur sucre tirée par Bayrou. Fondateur de l'UDF, grand chantre de l'Europe, la logique politique voulait que Giscard se range sans le moindre état d'âme aux côtés de Bayrou. Erreur. De la logique politique, Giscard au cours de cette élection n'en a pas plus à faire que de son premier accordéon. Giscard a une exigence en tête, personnelle, très personnelle : trouver une place cent pour cent garantie à l'une de ses très proches collaboratrices, Christine de Veyrac. Qu'on se rassure : le secret est bien gardé dans les rédactions et il n'est pas près d'en sortir. Les élections européennes sont les œuvres sociales des partis. Quand même, Bayrou

Vie privée, vie publique

jugea qu'il y avait des limites. Ainsi qu'on a pu le constater lors de la présidentielle, Giscard ne lui a pas pardonné. Pas le moindre coup de pouce, sa rancune flotte encore sur la rivière. Heureusement pour lui, sa requête trouve plus d'attention aux guichets d'en face. Sarkozy et Madelin se firent fort de régler le douloureux problème. Connue ni d'Ève ni d'Adam mais de Giscard, ce qui peut bien suffire du côté de l'Élysée, Mme de Veyrac obtint de placer sa particule à la dixième place de cette liste de quatre-vingt-sept noms. C'était la garantie d'un mandat de parlementaire européen de cinq fructueuses années. Mme de Veyrac fut donc élue et rien n'est venu déranger son sens de la discrétion.

Ce scrutin européen connut à son tour une abstention record. Exactement un mois plus tard, dans une pleine page du *Monde* datée du 11 juillet 1999, Giscard revisite la politique. Pourquoi une telle abstention pour cette élection ? Pourquoi une telle désaffection des Français pour la politique ? Encore une fois, il a réponse à tout. La faute à qui ? La faute, explique-t-il, aux acteurs de cette génération actuelle d'hommes politiques, « qui traitent la politique comme un bien de consommation [...], qui se sont demandé ce que la politique pouvait leur apporter en termes d'avantages, de carrière ». Dans ce bal des hypocrites, il a réussi à s'accorder une dernière valse, rythmée par un orchestre de journalistes politiques jamais perturbés par les fausses notes. Ils les entendent mais ils préfèrent en rire entre eux, de peur d'avoir à en pleurer. « Si les gens savaient. » « Heureusement qu'on ne leur dit pas. » Ce sont les derniers bémols qu'ils ont à leur portée.

Bien entendu... c'est off

Jusqu'à ce qu'un jour la symphonie de cet étrange petit monde ne s'achève dans le plus grand fracas. La Belgique reste sous le choc de cette invraisemblable affaire Dutroux et de ses réseaux pédophiles dans les beaux milieux. Nos journaux ont beaucoup disserté sur ce scandale, mais c'était en Belgique, n'est-ce pas ! Ce n'est pas chez nous que de telles ignominies pourraient nous surprendre. Des enseignants, des curés sont touchés, mais pas de politiques ! Dormez tranquilles, braves gens. Rien à signaler officiellement sur ce front-là non plus. N'allez pas prétendre que c'est bizarre. Bizarre, bizarre, voilà bien un mot qui a été rayé du dictionnaire politique élémentaire !

Épilogue

Cela fait cinq ans que j'ai quitté cette caravane publicitaire accrochée, sur ce Tour de France permanent, au peloton des politiques. Je les regarde se démener, s'ébattre dans les campagnes, se presser aux arrivées, se bousculer à l'arrière, avec, selon les jours, une vraie rage ou une dérangeante tristesse.

Tout change, mais sur cette course impossible, rien ne change. Le 11 septembre 2001 a retourné la planète, l'Europe se fortifie, pénètre les alvéoles de nos ruches quotidiennes, l'économie corrompt l'esprit de nos lois ordinaires, la guerre de l'eau est programmée, celle des clones aura lieu, la science prend à la gorge nos consciences collectives, la petite troupe persiste à pédaler à côté de la vraie vie. Toujours les mêmes codes, toujours le même jargon, toujours le même rituel dans leurs villes-étapes, toujours la même obsession pour les querelles d'équipes et les pronostics du jour. Elle ne voit plus les gens au bord des routes. Le peuple peut bien aboyer, elle est déjà loin. Le Pen se hisse au premier tour de la présidentielle, le nez dans le guidon, personne n'a rien vu venir. Il y a des banderoles sur les ponts réclamant la fin des cumuls de mandats et des béné-

fices, on ne voit rien, on ne veut pas voir. On ne sait plus lire.

On lève un peu la tête et on repart tête baissée pour se chamailler sur la couleur des maillots, la place des leaders et le salut des porteurs d'eau. Bayrou se fera-t-il avaler par l'UMP ? Fabius a-t-il une chance pour 2007 ? Raffarin est-il Pompidou ? Le nouveau Juppé est-il arrivé ? Aubry va-t-elle perdre le Nord ? Strauss-Kahn aura-t-il son sous-courant ? Debré fils aura-t-il son perchoir ? Que va-t-on faire d'Edouard ? Hollande deviendra-t-il général ? C'est tout ce qui les fait courir.

Les dernières élections ont battu des records de désertion, d'abandon, mais c'est le genre de record qui ne les dérange pas. Cela demanderait trop de réflexions, de remises en question. Les Français disent que cette politique, trop intérieure, trop petite, trop mesquine ne les intéresse plus, ils se bouchent les oreilles. Les partis ne sont plus que des amicales de professionnels, des machines à recycler les perdants, les incapables et les éternels revenants, des broyeurs de bonne volonté. Dans nos ministères et nos assemblées, les administrations occupent le vide laissé par des politiques trop occupés à remplir les médias. Partout, les lobbies de toutes sortes font la loi, les réseaux francs-maçons et homosexuels sont devenus incontournables. Eux continuent de s'accrocher à leur décor d'opérette, incapables de relever les projecteurs. L'Europe les ennuie, l'économie les contrarie, les affaires les peinent. Ils lèvent à peine le buste et repartent tête baissée avec pour feuille de route leurs sondages de perlimpinpin, avec leur musette de petites phrases et les bidons d'une potion qui n'enivre plus qu'eux.

C'est tout le peloton, toute cette caravane qu'il faudrait mettre sur le divan. Tant qu'il y aura des places à prendre,

Épilogue

des podiums à gravir, des primes à glaner, des honneurs à ramasser, il s'agit de foncer sans se retourner. Telle est la loi de cette course sur circuit de plus en plus fermé des petites ambitions hexagonales. Certains voudraient bien se relever, dire stop, on arrête, on souffle, on écoute les types au bord des routes, on prend le temps de faire le point sur la carte, on se fout des primes, de nos petites bagarres, on arrête de s'amuser vu que ça n'amuse plus que nous. Mais derrière, il y a la caravane qui passe, pousse et se trémousse. Elle veut de l'action, des vainqueurs et des vaincus, des « en hausse » et des « en baisse », des « en forme » et des « pas en forme », de la castagne, des bouquets aux arrivées, de belles images et du papier à vendre.

Que le peloton perde les pédales, ne roule pas à l'eau claire, se trompe de course et nous trompe sur ses mœurs, ce n'est pas le problème de la caravane. D'ailleurs, si l'on y songe bien, ce ne sont pas les journalistes qui suivaient depuis des années le vrai Tour de France et ses champions dont ils nous tressaient chaque soir les lauriers qui ont parlé en premier des histoires tragiques de dopage. Ils en ont parlé lorsque toute la France l'a su.

La loi du peloton est décidément partout la même. Les politiques ont fini par oublier leurs électeurs. Les journalistes oublient leurs lecteurs. Ils ont fini par se ressembler. Unis sur le dos du peuple et dans la pire des hypocrisies. Et ils font mine de s'étonner des bataillons d'abstentionnistes, de la résistance lepéniste, du vote chic mais choc à l'extrême gauche, votes de désespoir, de semonce, de révolte. Et ils feront mine de s'étonner que leurs journaux se lisent de moins en moins, qu'il faille des subventions d'État pour en sauver plus d'un, que le peuple s'abêtit, que le tout-télé impose ses marchés, qu'il y ait une « téléunisation » des esprits dramatique. C'est que le peuple ne les comprend plus, ou comprend trop bien. Pour se le réconcilier, les politiques peuvent parfois, comme notre bon monsieur Raffarin, faire assaut avec fierté de modestie, venir expliquer qu'ils ont cette fois bien compris qu'il fallait « être à l'écoute », c'est leur mot.

Les journalistes, eux, jamais ! Rien ne semble pouvoir les émouvoir. Les journalistes politiques sont les muets du sérail et les princes au royaume des aveugles. La révolution n'est pas encore pour demain ! Parce que ces muets « tiennent » la plupart des grands journaux de la place. Parce que ce sérail est régi par une bien curieuse loi. Lorsque le journaliste est trop payé, il se tait de peur de perdre ce qu'il a. Lorsqu'il ne l'est pas assez, il combine et copine pour trouver ce qu'il n'a pas. On n'en sort pas. Si les politiques reprenaient leur pouvoir, peut-être pourrait-on espérer ! S'ils avaient le courage de redessiner eux-mêmes les limites de ce forum de la République, de redéfinir des règles de comportement et de transparence, d'imposer les usages d'une certaine noblesse. Ils pourraient mais ils ont si peur de fâcher ! Alors il est probable que le peloton et la caravane vont continuer ainsi de rouler sur des routes pourtant de plus en plus casse-gueule ! Jusqu'où ? Jusqu'à quand ?

À mes débuts, lorsque je disais que j'étais « journaliste politique », je décelais toujours un petit regard d'envie. Aujourd'hui, quand je raconte que je ne le suis plus, on me rétorque : « *Tu as bien fait.* » Et cela ne me fait toujours pas rire !

Table

Avant-propos 11

    I. La manœuvre de Rocard 17
   II. Le complot de la Somme 25
  III. Le plus beau métier du monde 31
  IV. Le plouc miraculé 41
    V. Premières leçons de cour 57
  VI. La politique vue d'en bas 65
 VII. Les faussaires 75
VIII. Dans le temple du *Monde* 81
  IX. Dépucelage journalistique 93
    X. Au bonheur du *off* 101
  XI. Liaisons incestueuses 115
 XII. Combines et dépendances 125
XIII. Le « prêt-à-penser » 135
XIV. Les trois grâces 145
 XV. La France mitterrandisée 159
XVI. La folie de la télé 171
XVII. Vie privée, vie publique 185

Épilogue 195

DU MÊME AUTEUR

LA DEUXIÈME VIE DE CHARLES PASQUA
Flammarion, 1995

COHABITATION, INTRIGUES ET CONFIDENCES
Albin Michel, 2000

*La composition de cet ouvrage
a été réalisée par Nord Compo
à Villeneuve-d'Ascq,
l'impression et le brochage ont été effectués
sur presse Cameron dans les ateliers
de Bussière Camedan Imprimeries
à Saint-Amand-Montrond (Cher),
pour le compte des Éditions Albin Michel.*

Achevé d'imprimer en janvier 2003.
N° d'édition : 21481. N° d'impression : 030090/4.
Dépôt légal : janvier 2003.
Imprimé en France